華志文化

華志文化

快速改變人生的簡單祕訣

擁有美好的事物，是我們天生的權利，
而擁有這些祕訣就是運用吸引力法則。

吸引力法則

一個埋藏千年從上帝到不知來源的能量

威廉・沃克・阿特金森 William Walker Atkinson 著

華志文化

序言／吸引力法則：一個埋藏千年的祕密

新思想主義是十九世紀末到二十世紀初於美國發生的一場思想運動，主要發起者為當時的心理學家、作家和醫生等，影響非常廣泛，他們對吸引力法則的普遍共識是「相似的吸引相似的」，並把它應用到有意識的渴望中。也就是說：一個人的思想、感情和信念會引起物理世界的變化，即吸引與上述思想一致的積極或消極的經驗，且透過或不透過行動獲得這樣的經驗。這個過程一直被描述為「吸引力法則的和諧共振」或「你獲得你所想的；你的思想決定你的經歷」。

這個說法與新思想的信念及實踐緊緊相繫，它最普遍的定義也就從其中產生，但它也在其他深奧的領域，如神祕主義和神學中佔有重要地位（並得到更複雜的發展）。近年來，因為二〇〇六年的電影《祕密》，新思想運動在一百年前的觀念重新大為流行。

吸引力法則中「物理世界能夠不透過任何物理作用而被改變」的觀念一直遭到

科學界的嚴厲批評，舉出「法則」這個科學辭彙的誤用及宣導吸引力法則者和一些新思想運動、精神性廣泛的支持者所做的聲明缺乏科學證據。

其實，吸引力法則背後的觀念並非創新。這個觀念可以在印度教中找到。由於印度教在神學上的影響，它在早期的神學教程中也被提到。在一八七七年，「吸引力法則」被赫勒娜．布拉瓦特斯基（Helena Blavatsky）在她第一本關於神祕學深奧理論的書——《揭開伊西斯的神祕面紗：古老智慧傳統的祕密》中提到。

真正研究吸引力法則的鼻祖是威廉．沃克．阿特金森，他在他的新思想主義書籍中第一次運用這個說法，即《吸引力法則》。阿特金森是《新思想》雜誌的編輯，信奉印度教，是一位印度大師的學生，還是一百多本各種各樣關於宗教、神靈和神祕學等主題書的作者。之後，「吸引力法則」這一概念在當時很多的作家、心理學家的著作中得到廣泛的介紹，如華勒斯．華特斯的《失落的百年致富聖經》、查理斯．哈奈爾的《世界最神奇的二十四堂課》、羅伯特．柯里爾的《祕密》系列叢書、拿破崙．希爾的《思考致富》等著作都對「吸引力法則」進行了大量的闡述。

到二十世紀中期，並持續到二十一世紀早期，不同的作者在一個術語範圍內對這個主題進行了闡述，諸如積極思考、精神科學、新思想、實用形而上學、心理科學和宗教科學等。

二〇〇六年，一部建立在「吸引力法則」的基礎上、名為《祕密》的電影得到發行，進而發展為一本同名的書籍。這一成功的電影和書籍在美國的媒體上得到廣泛的關注，從《星期六夜生活》（Saturday Night Live）到《歐普拉．溫弗瑞脫口秀》（The Oprah Winfrey Show）都報導了這一現象。二〇〇六年九月，一本埃斯特．希克斯（Esther Hicks）寫的名為《吸引法則》的書上了《紐約時報》（New York Times）的暢銷書排行榜。也是在二〇〇六年，演講家貝斯（Beth）和李．麥克采恩（Lee McCain）出版了他們的書籍《感激生活：活生生的吸引力法則》；該書成為一本暢銷書，緊接著他們收到演講邀約，並在《奧普拉和朋友》（Oprah and Friend）XM廣播節目中接受採訪，其中他們把他們積極的職業生涯的轉變歸因於吸引力法則。

許多接受吸引力法則，作為正確生活的指導者的人們，以他們對宇宙和宇宙法則的信念作為基礎；正是如此，對他們來說，法則的本質不是科學地被安置，「法則」這個詞帶有同樣的信念基礎，就像來自其他非科學的「律令」那樣有價值，例如「因果法則」和「十誡」。在那些遵守各種新思想的人中，這尤其正確。新思想主義者遵循的一個普遍方法是：透過積極的斷言練習來應用吸引力法則。

一些更現代的吸引力法則研究者宣稱，它（吸引力法則）在量子力學中有科學根基。他們認為，思想具有一種吸引相似能量的力量。為了控制這種能量，人們必須練習四件事：

1. 知道一個人渴求什麼，並要求宇宙為它服務。（「宇宙」被廣泛提到，說明它可以是個體所想像的任何事物，從上帝到不知來源的能量。）

2. 帶著巨大的情感如熱情或感激之情把一個人的思想全部集中在所渴求的事物上。

3. 像所渴求的目標已經實現那樣感覺和行動。

4. 開放地接受它。

一個人如果時刻想著一個人所沒有的，它自然會在現實中得到相同的結果，如果一個人遵循這些原理，並避免「消極的」思想，宇宙一定會顯現出一個人的渴求之物。

這個四步驟的清單（不確定來源），用科學的術語表達，類似於米爾德雷·曼在《成為你所相信的》一書中第一次概括的「示例七步驟」的影響：

渴望

對你在生活中所想要的事物懷有強烈的熱情，並對一些現在還沒有的事物真正渴求。

決心

明確地知道你想要什麼，以及什麼是你想做或擁有的。

要求

（在確定和充滿熱情的時候）用簡潔、明確的語言要求得到它。

相信

有意識和無意識地帶著強烈的信念相信能夠得到它。

工作

為它工作……然後每天幾分鐘，想像你自己身在已經完成的圖景中。永遠不要描述細節，但要看到你自己正享受著特定的事情……最終，你會看到在某個時刻它恰好出現，作為一個禮物或類似的東西，或者你將得到一個能獲得你正在要求的事物的機會。

感激

總是記得說：「謝謝！」並開始在你的心裡感覺到感激之情。如果我們真正感覺到它，那麼我們所做過的最強而有力的祈禱，就是這兩個單字。要像你已經得到你所想要的那樣來感覺。

期待

訓練你自己生活於一種幸福的期待狀態中……找到一種使它出現在你的生活中的方法，並對之保持信心。或許是某些人把它送給你，或者你找到一個啟發來獲得它。

不管我們如何從科學的角度去驗證「吸引力法則」的正確性，事實上，這一法則一直存在，就像牛頓在發現萬有引力定律之前，萬有引力定律也一直存在一樣。

本書是「吸引力法則」領域最早的一本著作，也是最權威的著作。對我們每個人都具有不可估量的價值。如果你現在遇到諸多困難，找不到人生的方向，心中充滿了消極、失落的情緒，想尋找人生的終極答案，那麼，本書就是寫給你的！在這裡，你會找到人生的終極答案，並且教給你一些簡單實用的祕訣，讓你快速改變人生！

如果你對自己的生活比較滿意，想讓你的人生好上加好，讓生活更加幸福、快樂、富有，能夠輕鬆擁有最美好的事情，那麼，這本書同樣也是寫給你的！你將輕鬆地得到你想要的，從容不迫、毫不費力！

如果你已經聽說過吸引力法則，讀過一些這方面的書，卻在運用上不那麼順心自主、施展自如；似懂又好像非懂，不知道自己的問題究竟出在哪裡，要怎樣才有改善的餘地，想從更基礎、更系統的理論學起，本書將告訴你「吸引力法則」的所有祕密！

全心投入工作的人，將會有層出不全的創意和計畫。

關於作者和本書

威廉・沃克・阿特金森出生於馬里蘭州的巴爾的摩，他於二十歲那年起開始經商，三十二歲時被賓夕凡尼亞法庭錄用為律師。儘管他的律師職業給他帶來了物質上的富足，然而強大的精神壓力和過度的精力消耗最終令他精疲力竭。

這段時期，阿特金森遭受了生理和心理上的雙重重創，加上他在財政上的重重危機，他整個人幾近崩潰。於是，他試圖尋求治療。他發現了一本《新思想》期刊，並從中找到了絕佳的療傷方法。

阿特金森康復後不久，便開始在那本期刊《新思想》中發表文章。這本期刊後來更名為《精神科學》。不久，他寫的一篇命名為《精神科學教本》的文章刊登在了這本期刊上。

一年後，阿特金森成為了《新思想》的一個副刊——《建議》的副總編輯，完成了他的第一本書《吸引力法則》。之後，他又遇見了《新思想》的知名出版商西德尼・弗勞爾。他們兩人開始通力合作，阿特金森出任《新思想》的總編輯，在這個職位上，他一直工作了五年。

阿特金森在《新思想》上發表了許多作品，這些作品在《新思想》的忠實讀者群，尤其是在醫生和律師中廣受歡迎，影響頗大。阿特金森的名氣也被廣泛地流傳開來。

《吸引力法則》是作者的第一本著作，更是「吸引力法則」領域的最早著作和文獻，可以說是「吸引力法則」的開山之作。這本書在塑造個人魅力、提高精神影響力、增強思想的力量、集中注意力、培養意志力，以及實用精神科學方面都有發人深省的見解。

在這本「新思想」的經典著作中，阿特金森專注於吸引力法則在思想世界中的作用。他指出萬有引力法則和心理吸引力法則之間的相似性。他解釋說，思想振動波就像那些表現為光、熱、磁和電的波一樣真實。不同之處只在於振動波的頻率，這也闡明了「思想波」為何不能被我們的五種感官感知到的事實。

他說明在光和聲音的波譜中其實存在著一個巨大的波動空間，該空間寬闊得足以包含其他世界。這些空間裡的波動將被與它們相互諧調的感覺器官所感知到，這是符合邏輯的。更加精密的科學儀器就能夠記錄更多這些隱藏著的頻率。

在消極和積極的思想波之間經常有著相互作用——個體的任務就是透過意志的作用來把他們心理的主要振動頻率提高到一個積極的程度上。阿特金森從兩方面討論斷言的目的：首先，建立一個新的心理態度，第二是提高心理波的主要振動頻率。他也提到，在釋放表達和吸收印記之間必須有一個可以接受的平衡狀態。

許多心理的功能被發現和討論，作者宣稱意志力之流沿著精神導線激烈地流動著，但個體必須訓練，以便最好地接通這個能量的泉源。「我」是心理的主人，「意志」是「我」的工具。用來內化這種洞察力的斷言在這裡獲得提供。

在這本著作中，阿特金森也說明了怎樣克服消極的情感，如恐懼、焦慮、嫉妒、憤怒和仇恨。他堅決相信宇宙法則在一切環境中運行，並建議讀者使自己與這些法則互相諧調。我發現宣揚生命力量和訓練心理習慣的章節尤其有用和令人振奮。

儘管這本書寫於多年以前，但其內容依然令人聽來就感到新鮮和屬於當代。其中對「吸引力法則」的解釋及過程非常清晰，各種訓練也相當簡單和實用。作者極具感染力的樂觀主義和他簡明、直接的表達方法深深地吸引了無數的讀者。

如果誰還沒有讀到這本書的精華，那麼你正在錯過一件真正美好的事物。對於如何運用「吸引力法則」，阿特金森闡述得極其精彩，如怎樣永遠不反抗進入你心裡的消極、對立的想法，以及如何將注意力只集中到你所想要的事物上。而且，在必要的地方以幽默而彷彿話家常一樣的方式進行極清楚的解說。而在這本書中他闡述的最重要的理念是：他強調把你的能量投入到唯一的目標上是多麼重要，對於它，你的注意力永遠不要動搖。

對於如何消除恐懼，阿特金森指出：第一件要做的事是開始「切除」恐懼。恐懼思想是眾多不幸和失敗的根源。你已經被告知這種情形一遍又一遍，但它仍將繼續重複。恐懼是一種被消極思想強加在我們身上的心理習慣，但透過個體的努力和堅持，我們可以從中獲得自由。他指出，我們要選擇「勇氣」而不是恐懼……因此，不是重複說：「我不害怕！」而是大膽地說：「我充滿了勇氣！」、「我是勇敢的。」你必須宣稱：「沒有什麼可害怕的。」，如此一來，儘管在本質上也是否定的，但與其簡單否定導致恐懼的客觀事實，不如承認恐懼自身，然後否定它。

正如一位讀者所說：「這本書將改變你的心理程式，安裝上那些你所想要的，而非你所不想要的模式。」

你是否正在期待一本系統化講解吸引力法則，有助於你從基礎學起，系統化學習其理論和應用的書？你是否學了吸引力法則卻還是常常覺得使用困難？窒礙難行？那麼，從本書開始吧！

目錄

目錄
content

第8章　精神控制的法則／86

想透過有意識的「壓抑」來對抗一個強制運行著的思維是不可能的，那是對你自己精力的巨大浪費。

第9章　發掘生命的力量／90

我們當中有太多的人一直以來就如同行屍走肉般的活著。醒醒！讓我們看看你還活著的跡象！

第10章　訓練你的慣性思考／95

如果你正面對著這樣的問題：「這兩件事中我應該做哪一件？」那麼最好的回答是：「做那件你想讓其成為習慣的事。」

第11章　情感心理學／100

每一次你向這些消極的情感所做的讓步，都會使它們在下次遇見同樣的，或者相似的情境時更容易表現出來。

目錄
content

第24章　揮發性的力量／184

沒有什麼會損傷真正的自我。身體和精神都會變化，但是你的本質卻不會改變。它是非常強大的，能夠獲得不可知的能量。

第25章　直接影響力／190

要想做好一件事只有一個辦法，那就是盡心盡力地去做。你必須把握好前進的方向，完全發揮所謂的「意志力」。

第26章　神奇的心靈感應／204

一切思想，無論是自發的還是無意的，都會產生思想波動，並向宇宙發送該波動。而別人接收到你的波動，或多或少都會受其影響。

第27章　集中精力練習／213

集中精力的第一必備條件是具有免受外界思想、聲音或事物影響的能力，繼而得到克服疏忽大意的能力，與獲得對身心完全控制的能力。

目錄
content

一個人的思維處在消極、沮喪的境地時，是不會產生智慧的火光的。

第1章 思想世界的吸引力法則

宇宙由一個法則來統治一個偉大的法則。它的表現形式是多樣的，但從根本上來看，只有一個法則。現在每天我們都更多瞭解它一些，面紗正逐漸被揭開。我們很隨意就談到萬有引力法則，然而卻忽略了同樣令人驚歎的徵象「思想世界的吸引力法則」。我們對吸引且維持構成物質的微粒結合在一起的法則所表現出來的奇妙現象很熟悉。

❧我們認識到吸引物體到地面和維持圓周世界有序運行的法則的力量，但對吸引我們渴望或恐懼的事物，以及建造或毀壞我們生活的強大法則，我們卻閉上了眼睛。

當我們漸漸明白思想是一種能量，一種磁性，就像吸引力，我們就開始理解為何迄今為止許多事物對我們來說似乎是隱密的。沒有任何研究能夠給學生投入的時間和努力帶來這麼好的報償。

當我們思考時，我們會傳送出一種美好精妙的物質波，它們就像呈現為光、熱、電和磁的波那樣真實。我們的五種感官無法明顯地感知到這些波，並不代表它們不存在。

☙一塊強大的磁石會放射出波，並施加足夠的力量來吸引一塊一百磅重的鋼鐵，但我們既不能看見、品嚐、聞到、聽到，也不能感覺到這種強大的力量。

同樣的，這些思想波，不能看見、品嚐、聞到、聽到，也不能以通常的方式來感覺到，儘管有記載案例說感官特別靈敏以致能通靈的人已感知到強大的思想波是真實的，以及我們之中的很多人能夠證實我們曾本能地感覺到他人的思想波，包括近在眼前和相隔遙遠距離的傳播者。

心靈感應及其相似的現象並非徒耗時間的白日夢。表現為光和熱的波，其強度遠遠低於思想波，唯一的不同只在於波的頻率。科學的記載在這個問題上投入了一線有趣的曙光。

伊利沙．格雷教授，一位著名的科學家，在他的著作《自然的奇蹟》裡說：

「有大量資料可以作為依據來推測，在思想裡存在著人類的耳朵聽不到的聲波，和眼睛看不見的有色光波。長遠、黑暗、無聲的空間，聲波的頻率在四萬赫茲和四百兆赫茲之間，而光波的頻率極限則僅止於七百兆赫茲，在這些頻率範圍之外還有無限的波頻範圍。」

威廉斯在他題為《科學上的簡短篇章》的著作中說：「在使我們產生聲音感覺

的最快速的波動和最慢的、給我們喚起最輕微的溫暖感覺的那些波動之間並沒有等級之分。在它們之間有一個巨大的間隔，寬廣得足以包含另一個運動的世界，一切存在於我們聲音的世界和我們熱與光的世界之間；沒有任何合適的理由能假定物質不能進行這樣中間狀態的運動，或這樣的運動不能引起中間狀態的感覺，如果有器官來感受或感覺它們的運動的話。」

我引用上面的權威論述只是給你提供資料來思考，不是試圖給你證明思想波存在的事實。名字後面標明姓氏的事實已足夠讓這個課題的審查者感到滿意，只要進行一點思考，你就會明白它與你的親身經歷相吻合。

我們經常聽到眾所周知的精神科學的陳述：「思想就是事物」，我們嘴裡說著這些話，卻從未明白地意識到這個陳述的確切涵義。如果我們充分理解這個陳述的真實性及其背後帶來的自然結果，我們將會理解許多原本我們覺得隱晦難懂的事物，而且能夠運用這種令人驚奇的力量「思想的力量」，恰如我們運用其他任何形式的能量一樣。

正如我已經說過的，當我們思考時，我們便開始放射出一種強度非常高的運動波，它恰如光、熱、聲和電的波一樣真實。當我們理解並支配這些波產生和傳送的法則，我們就能在日常生活中運用它們，就像我們更清楚理解能量的形態一樣。

我們不能看見、聽到、秤重或測量這些波，但這非證明它們不存在。有不少波是人類的耳朵所不能聽到的，但這些波的一部分無疑能被一些昆蟲的耳朵注意到，而其他的波則被人類所發明的精密的科學儀器捕捉到。

然而，在被最精密的儀器感知到的聲波和人類心理所能察覺到的聲波限度之間仍有一個巨大的間隔，依此類推，可知聲波和一些其他形式的波之間確實存在著分界線。

同樣地，也有人類的眼睛所不能注意到的光波，其中一些可能可以被更精密的儀器覺察到，而許多更為纖弱的光波，能覺察到它們的儀器還沒有被發明出來，儘管每年在這方面的發展都不斷地在進步，尚未探索的領域也逐漸在減少。

由於新儀器被發明出來，因此新的波也被它們注意到，然而在這些新儀器被發明之前，波還是像儀器發明之後一樣確實存在。

假如我們沒有儀器用來測量磁力，那麼，一個人否認這種強大的力量很可能被認為是正常的，因為它不能被品嚐、觸摸、聽到、看見、秤重和測量。可是，這種強大的磁石仍然傳送出足夠的磁力波來吸引幾百磅重的鋼鐵。

每一種形式的波需要符合它本身形式的儀器來檢測。目前人腦似乎是唯一可以注意到思想波的器官，儘管神祕主義者說：「在這個世紀科學家將會發明出足夠精密的裝置來捕捉和記錄下這樣的思想感覺。」而且，從目前看來，這種發明終究有望在任意的時刻實現，因為既然有需求存在，供給無疑不用多久就會得到滿足。但對於那些已經沿著實用的心靈感應路線進行實驗的人，沒有比他們自己實驗的結果更進一步的證明。

我們任何時候都在傳送強度或大或小的思想波，同時我們收穫這些思想波的結果。我們的思想波不僅影響我們自己和別人，同時它們具有一種吸引力，它們吸引別人的思想、事情、環境、人群和「幸運」到我們這裡，而吸引來的這一切與我們心中最重要的思想特質相一致。

愛的思想將給我們吸引來別人的愛、與這種思想相一致的環境和周圍的事物，以及喜歡這種思想的人們。惱怒、憤恨、嫉妒、惡意和猜疑的思想則將為我們吸引到從別人那裡散發出來的惡臭的相似思想；我們所身處的環境將被邀約來證明這些糟糕的思想，而且我們也接受來自別人的同樣糟糕的思想；還有表現得不和諧的人們如此等等。一種強烈的思想或持續長久的思想，將使我們成為吸引他人相應思想波的中心。在思想的世界裡，同類相吸，你怎樣播種，就將怎樣收穫。

充滿愛的男人或女人在任何情境下都看見愛，而且吸引來別人的愛。滿懷憤恨的人只會得到一切他所能承受的憤恨。想著戰鬥的人，在他獲得認同之前，通常不得不面對所有他招惹來的戰鬥。道理就是如此，每一個人都會透過心理的無線通信而獲得他所召喚的。早上起床感覺「易怒」的男人，在早餐吃完之前常常想方設法使全家人處於同樣的情緒狀態。「嘮嘮叨叨」的婦人，一般整天都會找到足夠的事情來使她「嘮叨」的習性感覺愉悅。

思想吸引是一件重大的事情。當你停下來思考它，你就會明白一個人確實製造了他自己的環境，儘管他把原因歸咎於別人。我已經瞭解到，掌握這項法則的人持有一種積極、平靜的思想，而且絕對不受他們周圍不和諧環境的影響。他們就像裝滿油的容器被注入煩人的水，當風暴在他們周圍肆虐，他們還是安然平靜地歇息。一個懂得這項法則運行之道的人是不會任由一陣陣思想的風暴擺布的。

我們已走過肉體力量的時代，進而來到智力至高無上的時代，現在正進入一個全新和幾乎一無所知的領域，那就是精神力量。這個領域的能量有它的建構法則，正像其他的領域一樣，而我們應該讓自己熟悉它們，否則，我們將由於在努力層面上的無知而陷入困境。我會努力為能讓你順利掌握關於這個新領域能量的偉大潛在原理鋪平道路，這些能量正在我們面前展現，你可以充分利用這種偉大的力量，將它用於合理且有價值的目標上，就像今天人們應用蒸汽、電和其他形式的能量一樣。

第2章 同類相吸、異類相斥

就好像一塊被拋入水中的石頭，思想也能在我們的頭腦中激起一重又一重的波紋和浪花，它們會在思想的汪洋大海中蕩漾、擴展，直到遍布我們的整個頭腦。但是，頭腦中的浪潮和大海中的浪花又存在這樣一個顯著的差異：

- 不管向多少個方向擴散，水中的波紋只處於一個平面上；然而，思考的波紋卻是從一個中心向四面八方擴展，就好像太陽發射出的光芒一樣。

我們現在都知道，當我們站在地球上時，我們無時無刻不被浩如汪洋的空氣包圍著；可是我們不知道的是，同樣的，我們也無時無刻不被我們思想的海洋包圍著。而我們思考的波紋就在這片精神的大海之中擴展、飄散，如同水中的波紋一樣，這種浪潮會隨著距離的增加漸漸削弱。造成這種情況的原因在於，我們的思緒彼此之間的聯繫、牽制和阻礙，以及包圍著它們的思維海洋對它們的摩擦、阻塞，這一點和波紋在水中受到的阻力是一個道理。

這些思維浪潮還具有其他一些水波所不具有的性質。首先，它們具有「自我繁殖」的能力，在這一點上，它們和聲波的共同之處更大。這就好像小提琴奏出的音符能讓薄玻璃杯跟著顫抖，甚至「唱起歌來」；同樣的，一個強烈的思想也能引起我們內心深處思想的共鳴，不管它們曾經被深埋了多久。

很多時候，他人強烈的思想，能讓我們自己許多散佚已久的想法又重新浮現。但是，除非和我們自身的思想和諧，否則，再強烈的思想也無法讓我們產生共鳴。如果我們全身心地投入到對一個正確想法的思考中去，我們就能為我們的思想定下一個基調。這個基調一旦得到確立，我們就能很容易地和他人類似的想法產生共鳴。截然不同的是，如果我們養成了按錯誤的方式思考的習慣，我們就不得不面對成千上萬的反對者，而我們思想的浪潮在傳播的過程中，也會遭到這些人的圍堵追截。

基本上，我們希望自己是什麼樣的人，我們就會成為什麼樣的人；而我們就在自己想法的獨木橋上，借助別人的建議和思想努力保持著平衡。

一個堅持相信自己的力量，具有強烈自信和決心的人，即使整日和一個沮喪絕望的人待在一起，也絕不會受到他散播出來的這些負面想法的影響，但是，在同樣的情況下，如果把我們的主角換成一個思想上傾向於悲觀的人，這些想法無疑會加重他絕望頹廢的情緒，如果說絕望的火焰正在吞噬著他的力量，這樣的結果無異於火上澆油，或者，讓我們換個你更喜歡的比喻：這樣的結果，熄滅了這個人激情和活力的火焰。

我們內心的想法能吸引其他具有類似想法的人。

譬如說一個內心充滿了對成功的渴望的人，就會很容易和有類似想法的人產生共鳴，而這種共鳴，會讓他們互相吸引，並且最終走到一起。對世界充滿了絕望的人，一定會看到更多的絕望，而他遇見的人，似乎也都在證明他的看法是多麼的正確。可是，一個認為生活中充滿了美好的人看到的卻是另外一種景象，他看到的事物都是那麼的美好，他遇見的人都是那麼的樂觀……事實上，我們懷著什麼樣的心看世界，我們眼中的世界就是什麼樣子。

這個世界上的大多數人並沒有學過關於「心靈電波」的理論，所以他們並不知道自己對別人有著什麼樣的影響力，但是事實上，當我們情緒低落時，我們也就吸引了更多情緒低落的人，而他們的壞心情，就會向我們的頭腦「發射」沮喪低落的電波，這些影響會讓我們的心情越來越低落。可是這時候，若我們的情緒在偶然間變得熱情洋溢、活力四射，很快的，我們就能感覺到我們周圍那些具有積極向上心態的人們散發出來的熱情，那些勇氣、活力、歡欣的情緒、積極的思想……它們就在我們的周圍，無時無刻不在，它們一直都歡快的流淌著。

我們的情緒是非常多樣化的，從最積極、最活力充沛的情緒，一直到最消極、最低落沮喪的情緒；當然，更多的時候，我們的情緒都是處於這兩者之間的，具體的程度取決於我們和這兩種極端的距離。

當你的頭腦沿著一條積極的軌跡運行時，你會感覺自己強壯、輕鬆、聰敏、愉悅、快樂、自信、勇氣十足，這個時候，你感覺自己能勝任任何工作，你自信一定能實現自己的想法，你就像一台功率強大的發報機，不停地發射著積極向上的信號，這些信號會吸引其他積極進取的人們，讓他們與你展開合作，或是追隨著你的領導。

但是，相反的，如果你的頭腦滑向了消極的那一端，你只會感覺沮喪、虛弱、被動、遲滯、怯懦、退縮。這種時候，你會發現自己根本沒辦法取得較大的進步，更不用說獲得成功了。這種情況下，你對他人的影響也降到了零點。

在有些人身上，你能看到積極的因素佔了主導地位；可是在另外一些人身上，消極的因素很明顯佔據了優勢。很顯然的，在我們每個人的身上，積極和消極的因素都在不停地改變著的，而這種改變無論從程度或是範圍上來看都有可能非常的大。

舉個例子：同一個人張三，他有可能和李四在一起的時候很積極，同時，卻在和王二在一起的時候很消極。

事實上，當兩個陌生人第一次見面時，一般情況下，都會有一場精神層面上的交鋒，這場交鋒靜默無聲，卻激烈異常，兩個人先是相互試探，試探對方的信心和決心，並且最終透過這場交鋒確定他們之間的關係以及地位。這個過程在很多情況下都未被我們察覺，但是，它卻是真實存在的。這個調整的過程經常都是無意識地進行著的，雖然如此，這場鬥爭有些時候卻是如此尖銳，他們之間的競爭太過火爆，在這種情況下，兩個人都開始有意識的想要贏得這場競爭。

有些時候，競爭的雙方都全力想贏得這場競爭，而他們倆恰巧在信心上也旗鼓相當，那麼，他們都不會在精神上做出妥協，這兩個人將永遠不可能真正和諧地相處，他們最後的結局將不外乎因為不可調和的矛盾而分開，或是永遠都生活在爭吵和煎熬中。

我們對周圍每個和自己有關係的人的態度都不外乎積極或是消極。我們可能會以一個積極向上的態度對待我們的孩子、我們的員工或是那些依賴著我們的人，而與此同時，我們又會以一種消極的態度對待那些讓我們感到自慚形穢，或是讓我們感到沒有安全感的人們。當然了，有些時候，因為某些特定的原因，我們會忽然對一個本來一直讓我們抱有消極態度的人積極起來，這種情況也不是不可能發生。

在這個世界上，心情低落、精神消極的人總是比開拓進取、精神處於積極層面的人要多，而正是因為如此，在我們頭腦運轉的過程裡，它始終處於一種消極電波佔據優勢的環境裡。但是，對我們來說，幸運的是，積極的電波裡包含的力量要遠遠比消極的思想裡所具有的力量大得多，這種差異，在很大程度上平衡了它們數量上的不平等。所以，如果我們能夠依靠意志的力量讓我們的精神電波爬升到一個更

高的基礎頻率上，我們自然就能夠掩蓋掉那些消極抑鬱的情緒，

如果一個人對自己進行暗示，暗示他一定能做好一件事，不是偶爾為之，而是長期的進行這種暗示，漸漸的，他那些有助於這件事的成功的能力將會得到培養，而與此同時，他還把自己頭腦的「頻率」調節到了最合宜的「波段」，在這個「波段」中，他最有可能接收到那些能幫助他成功的訊息。

永遠不要讓你的內心被這一類不利的、消極的思想侵襲，要小心，它們遍布我們周圍的每個角落。你要做的就是把自己的心靈移居到更積極，更高層次的處所，同時，你應該把自己的頭腦調整到更樂觀積極的頻率，只有做到這些，你才能遠離那些不利的訊息，遠離那個消極的思想層面。

到那個時候，你將不但可以對那些消極的資訊免疫，更重要的是，你將會和那

些堅強、積極的思想建立聯繫，而這不正是渴求成功的人最渴望得到的嗎？

你要做的是：掌握一種方法，一種能讓你在需要的時候立刻激發自己的神經，讓它們處於合適的狀態的方法，只要你能做到這一點，這就足夠了。如果能夠掌握這些知識，你就能夠在讓自己的頭腦保持輕鬆的同時，讓情勢隨時都處於自己的掌控之中。

意志的成長和我們對肌肉的鍛鍊非常類似，它們都需要不斷地進行鍛鍊，而且，都是一個循序漸進的過程。在剛開始的時候，這個鍛鍊的過程可能會很枯燥，但是，隨著練習的不斷深入，你會漸漸變得越來越強壯，直到最後，你會發現自己的力量的確得到了提升，變得更強大而且不會再衰退。

大部分人只有在別人要求或是有其他情況時才會突然緊張起來，一如我們通常習慣於在形勢所迫的情況下才「痛下決心」。但是透過合理的練習，你會發現自己的頭腦得到了極大的強化，以前那些讓你覺得習以為常的情況會變得有些不同，你會發現自己能試著避免「臨時抱佛腳」的情況，漸漸地你發現能依靠自我激勵讓自己隨時保持在「鬥志昂揚」的狀態，一旦做到這點，你會發現自己已經站在了以前連做夢都沒想過的舞台上。

能夠學會放鬆身心並且具有一定程度承受壓力的能力對我們來說是再好不過的事情了，只要做到這幾點，你就總能夠依靠自己的意志力量從巨大的壓力中振奮起來。總是習慣性的保持亢奮的人會失去許多生活的樂趣和消遣。亢奮的時候，你能對別人給出許多建議，但善於傾聽，你才能從別人那兒獲得有用的建議。

第3章 關於頭腦的討論

人類不只擁有一顆頭腦，並且具有眾多的精神能力，而這其中任何一個能力在我們的精神上都有著兩方面截然不同的作用。但是這兩方面的能力之間並不存在一個明顯的分界線，它們之間水乳交融，漸漸演變，如同光譜上的顏色一樣。

我們的精神上的主動努力能轉變為能力上的進步，實際上，我們精神能力上任何一次進步必然是由一次精神上的努力所推動的。而我們精神能力上一次被動的進步則有可能是我們前述任何一個原因造成的，而且，有可能和我們主動取得的進步具有完全相同的誘因。此外，取得主動的進步的另外一種方法是多接受別人的建議。思想的電波來自於其他人的頭腦；思想還能由我們的祖先遺傳給我們，這是由自然界中的遺傳法則決定的（從人類起源的上古時代開始就由每一代人薪火相傳的思想，對我們現在的思想也具有推動作用，而這正是這項法則中所包含的內容，這種推動作用剛開始的效果並不明顯，它是在我們數億年的進化中，一點一點顯露出來的）。

主動努力嶄新的如同剛從鑄幣廠裡被鑄造出來的新硬幣，而與此同時，被動的成就跟它比起來就顯得缺乏創造力，而且實際上，被動的成就常常是很久很久之前偶然的精神衝動所帶來的波動造成的。積極的努力會開闢自己成功的道路，一路上人會披荊斬棘，推開攔在路上的障礙，踢飛絆腳的石頭……

任何事情都無法阻止它。而被動的努力只會沿著前人鋪就的道路前行。思想上或是行動上的衝動，通常都是由主觀的努力推動的，這種衝動有可能被堅持下來，成為我們的習慣，甚至是本能，這種由主觀的努力推動的衝動有可能成為一種強大的動力，這種動力能讓我們把這種行為一直堅持下去，漸漸的，轉變為一種被動的行為，直至另外一種主觀的衝動出現，改變了我們堅持的這一切，然後，我們會進入另外一輪循環。

同樣的，反過來說，思想上的衝動，或是行動上的衝動，如果是沿著被動努力的方向行動，那麼這種衝動很有可能被我們的主觀意願所阻止，或是因為受到主觀意願的影響而改變方向。

我們精神上創造、改變和摧毀的力量都源於一個相同的源頭，這個力量的泉源就是我們那些積極的行為。我們精神上被動的行為只不過是一個執行者，它亦步亦趨地執行著我們的主動意志所做出的決定，並且嚴格遵守著它指定的規則，不敢越雷池半步。

我們的主觀意願讓我們養成了思想以及行為上的習慣，更重要的是，它會給我們的身體發射精神電波，指揮它們按部就班的工作，將你思考的結果貫徹執行。我們的主觀意志還具有另外一種能力：它能向外釋放一種電波，這種電波能抑制我們長久以來養成的那些習慣，不管是精神上的還是行為上的，同時，它還能釋放一種新的電波，這種電波的作用更強，它能幫助我們克服以前的習慣，強迫我們改變自己的頭腦和身體，並且藉此建立起一種全新的習慣。

我們身體裡所有的思考反應，當然了，行動上的反應也一樣，一旦開始了它們的使命，它們就會一直「運行」下去，直到我們的主觀意志，也有可能是其他具有相同作用的能力，發射出我們前面所說的那種電波來改變或是阻止它們的運行為止。在這種初始的衝動持續不斷的作用下，它們的運行又被注入了新的動力，在這種情況下我們若還想阻止它們的運作，這件事就會變得尤其困難。明白了這層道理後，我們就不難解釋人們常說的「習慣的力量」了。

有些時候，我們可能很輕易的就養成了一個習慣，可是想要克服這個習慣時，卻發現這實在太困難了；有過這種經驗的人，對我們所說的這個道理將有著更深刻的理解。而且，這項法則對於好的習慣以及壞毛病都同樣適用。人類的道德準則就是明證。

經常的，我們的幾個能力會聯合起來發揮作用，顯現出一個共同的結果。現實中的任務常常要求我們不得不同時發揮多種能力的作用，而它們之中，可能既有主動培養出來的能力，也有我們早已養成習慣的行為。

當我們遇到新的狀況，當然也包括新的問題，這個時候，我們就需要我們的主動反射來處理；但是，如果只是一件司空見慣的問題，或是任務，那麼我們就可以只依靠已經養成的被動反射弧來處理這件事，而不必動用它那個更富有開拓進取精神的「兄弟」。

在自然界裡，任何一個活著的生物體都具有一些本能上想要表現出來的行為，對於一個完整的高等生命，它所具有的本能就是不斷地去追尋能滿足自己的需要的方法。這種本能在有些情況下會被稱之為欲望。這種「欲望」是真真正正的被動的精神反應，是從人類最初的起源就開始流傳的原始動力所推動的精神反應。

這種精神反應隨著生命的進化歷程也在完成著自己的完善和進步，在完善和進步的過程中，它不斷吸取著力量。而我們進化的原始動力在推動這個反射的進化過程中還得到了更高層次的力量的幫助，我們把這種力量稱為「絕對的力量」。

在植物身上，這種本能的趨勢是明白可感的，我們只要去找到它們從低等到高級各個層次品種的樣本放在面前，結果就再明白不過：它們的一切活動都可以算得上是本能。我們常常把這稱為植物的「生命力」。但是同樣的，一個未經發展的原始精神只會沿著我們本能的路線運作。在許多更高等的植物身上，我們能看到「生命活動」所顯現出來的微弱跡象，它們開始顯現出微弱的意志。植物生命學的研究者記錄下許多與此現象相關聯的匪夷所思的現象。毫無疑問的，這就是生命體最根本、積極的精神活動的展現。

在低等動物的世界裡，我們找到了一種進化程度非常高的被動的精神成果。同時，隨著不同物種以及其他一些因素不同程度的改變，這種主動的精神活動會發生顯而易見的改變。我們都認為低等的動物跟人類相比，毋庸置疑，牠們只能具有更低等的精神力量，但是事實上，智慧動物所展現出來的意志力量經常能夠達到較低智慧的人類，或是人類兒童的水準。

人類——這顆行星上迄今為止出現過的最高等的生命體，向我們展示了主動精神力量的最高級形式。這種形式的主動精神力量和我們在低等動物身上所見到的相比，已經產生了巨大的發展和進步。與此同時，儘管同樣是人類，由於各自族群個體上的巨大差異，這種精神能力存在著非常巨大的差異。而且即使是同一種族的人類，每個個體的精神能力的差別也是顯而易見的。這些區別既不取決於這個人所具有的「文化程度」，也不取決於他現有的社會地位，或是曾經接受的教育程度。人所掌握的文化知識和對自己心理的發展能力是完全不相干的兩件事。

你所能做的就是在自己周圍的生活環境裡努力搜尋，搜尋那些能讓你的精神能力得到發展的方法。對許多人來說，他們積極的精神能力只比那些原始的被動的精神能力稍強。每個人的意志都寄託在自己的思想裡，但這些人所展現出來的具有強大的意志力的思想寥寥無幾。他們總喜歡別人為自己做出決定。積極主動的思考讓他們感覺乏味而厭煩，他們總是「跟著感覺走」，讓自己的直覺做決定，本能做出決定總是要比思考得出結果要簡單的多。他們的頭腦永遠選擇阻力最小的路線前進。這種人從本質上講和綿羊沒有任何區別。

在低等的動物以及「低等的人類」身上，積極的精神能力極大程度上受限於他們物質上的能力，我們所處的精神層面上可供使用的材料越多，我們本能所具有的能力也就越強，我們也就能更輕易地跟隨我們的本能做出決定。

在那些低等的生命體漸漸進化為高等生命的過程中，他們逐漸將潛藏在他們身體裡的精神能力喚醒，並且最終將它們發掘出來。這些能力總是披著一層「外衣」出現，這層「外衣」在形式上常常表現為我們某些未發展的本能。然後，這些能力會逐步發展成為更高等形式的本能行為，它們將一直發揮作用，直到我們主觀積極的思想接管這一切。這種進化過程還在持續不斷地進行著，它們會一直沿著把我們的主觀思想推向更高層次的這個方向進行下去，在循著這個目標前進的道路上，它將永遠不會停歇。這個進化的過程是受我們的「最初起源」所提供的持續的震盪推動的，另一方面，我們所說的「絕對力量」也對這個過程提供了它的幫助。

這種進化的法則還在發揮著作用，而且人類已開始學著發展自己思想上新的能力，當然，這種能力最早又是以我們的本能的形式顯現的。有些人已經把這些剛剛開發出來的能力發展到了一個相當可觀的程度，如果這種情況持續下去的話，我們很有可能在不久的將來就能夠沿著我們的主動思想的方向來鍛鍊我們自己的頭腦。事實上，我們已經發展出了一點這種力量。這本來是一些東方的「術士」們的祕密，知道這個祕密的，還包括一些他們在歐美的同行們。透過正確的指導，我們可以進行一些合理的練習，並且藉此增強我們的思想對自己意志的服從性。我們所常常說的「決心的力量」，從本質上來講其實就是對我們的思想進行訓練，讓它能夠意識到並且發掘出潛藏在我們內心裡的力量。

任何一個人的意志其實都是足夠強大的，我們已經不需要對它再進行強化了。但是我們要對它們進行訓練，只有這樣它們才能夠接收到我們的意志對它的指示，並且將其付諸實行。

我們的意願其實是「我們自己到底是什麼？」這個問題的答案。我們願望的電流總是沿著精神的線路在全力向前奔湧著；但是你必須瞭解讓你自己的「電車電路」和這條線路接通的方法，只有這樣，你的「精神電車」在抵達時才能夠馬上開始正常的運行。如果你總是習慣接受那些傳統精神力量的研究者的看法，那麼這又將是一個和你以前接觸到的理論或多或少有所牴觸的觀點，但是，我沒有騙你，它的的確確是正確的，比以前那些研究成果更準確。如果你打算遵循著正確的方法去實踐這個觀點，那麼最終你一定能得到讓自己滿意的結果，而這個結果亦將證明我剛才說過的話。

「絕對力量」對人類的吸引力一直都在驅使著我們進步，而「最初起源」所傳遞下來的波動性的力量也還沒有耗盡。當人類有能力幫助他們自己的時候，人類就將迎來又一次的進化。懂得這個道理的人，同時也就懂得了發展自己的思想力量的方法，利用這種方法，他們甚至可以完成我們眼中的奇蹟，與此同時，那些對這項法則一無所知的人們，則有可能終其一生都與真理背道而馳。

那些懂得自己精神本質的人們能夠很好地發展自己的潛能，並且合理地運用這些偉大的力量。他們從不輕視自己本能中所具有的那些能力，也會充分運用好這些能力，他們會把這些能力用在最能發揮它們作用的地方；正因為如此，他們總能從他們的工作中得到最好的回報。這些人能好好地訓練和掌握他們的本能，讓這些本能的能力去執行他們本我的命令。如果這些能力沒能完美的完成它們的任務，我們可以對它們進行引導，而且我們的知識可以保證我們不會不理智地對它們進行干擾，因此也就避免了由此引發的對我們自己造成的傷害。

我們應該學會發展潛藏在我們體內的能力和本領，並且能夠在主動和被動方面的精神活動中顯現出它們的力量。這樣我們就能夠瞭解到潛藏在我們身體裡的那個「我」才是我們自己的主人，無論主動還是被動的本能都只不過是他進行自己統治的工具。他祛除了我們心頭的恐懼，並且充分享受著我們賦予他的自由。他終於找回了自我。他，最終明白了「我們自己」的祕密。

第4章 頭腦的建構

人類可以對自己的思想進行建構，而且，他希望自己的頭腦成為什麼樣子，最終就能夠將它建設成什麼樣子。

實際上，在我們生命的每一秒裡，我們都在進行著「頭腦建構」的工作，不管我們是不是有意識地在進行這項工作，但我們中的大多數人在進行這項工作的時候並沒有意識到這一點，但是，那些能夠透過事物的表象看待問題的人們，已經開始著手嘗試照自己的想法對頭腦進行建構了，他們正在有意識地成為自己精神的設計師。他們再也不會被別人的意見和看法所左右，能做到這些，他們已經成為了自己的主人。

他們能夠勇敢地向世人表揚自己，告訴人們：「『我』才是主宰！」，更重要的是他們能夠迫使那些低層次的能力和本領聽命於自己。這個「我」就是我們頭腦的君主，正因為這樣，我們可以說「意志」只不過是「我」的工具。

當然了，在這種說法的背後還有些別的東西：我們都知道「宇宙意志」要遠高於我們自己的意志，但是我們不知道的是，跟人們通常情況下想像的相比，我們的意志和「宇宙意志」之間的溝通和聯繫原要緊密的多，當一個人成功征服了低層次的自我，開始勇敢地向人們說出「我」時，他就開始和宇宙意志建立起緊密的聯繫，而這種聯繫，讓他開始享受宇宙意志的奇妙力量。

一旦一個人向世人宣稱「我」，並且因此「找回自我」，他就已經在「自我意志」和「宇宙意志」之間建立起了一個緊密的聯繫。

雖然總有一天他會因為掌握了這種強大的力量而獲益匪淺，但是在此之前，他必須首先實現對自己的統治。

一個人努力想要得到顯赫的力量，可是與此同時，他卻只不過是自己精神世界中最低等的奴隸，他根本不知道究竟什麼才是更重要的，你想想就會發現這有多麼荒謬，但是這種荒謬卻並不少見。

✤有的人總是受控於自己的情緒、欲望、本能，卻總想著獲得意志帶來的裨益。我並不想蠱惑你們都成為苦行僧，在我看來，那都是軟弱的表現。我只是在強調我們的自我控制力，這種能力是對「自我」的宣稱，這種宣言是凌駕於我們本身那些無關緊要的事情之上的。

從更高遠的視角來看，只有這個「我」是真正的自我，而其餘的則都是非我。

但是在我們生活的空間裡，我們是不會允許這種說法存在的，我們說「自己」這個詞的時候，指的就是作為一個整體的我們本身。只有當一個人具有完全掌控自己各方面問題的能力，尤其是那些次要方面的問題的時候，他才能夠用盡自己所有的力氣理直氣壯地向世界宣誓出那個頂天立地的「我」！

當我們學會控制它們的時候，任何難題都不再成為難題；但是相反的，如果我們被我們面對的問題掌握了，任何問題在我們眼裡都會變成難以逾越的險阻。

只要我們還在放任「自我」中處於最底層的那些部分給我們發號施令，我們就只能做自己的奴隸。只有當「我」登上自我的王座，並且真正開始行使「我」的王權時，一個人才能保證自己命令的正常運作，也只有這樣，我們面對的所有繁瑣複雜的問題才能變得協調得體起來。

有些人會在低層次自我的影響下左右搖擺，但我並不認為他們有什麼過錯，他們正處於進步的起步階段。隨著時間的推移，他們一定能克服這些問題。雖然我相信這些人一定能夠成功，但還是不得不提醒他們：

「我」必須按照你們「自己」的意願發號施令，而你的身體也要堅定不移地去執行這些命令。

我們接收到的所有的命令都應該是由我們自己發布的，並且應該得到完全的貫徹。所有妄圖動搖這種權威的行為都應該被鎮壓和扼殺，取而代之的是「自己」不可動搖的權威。從這一秒鐘開始，你就應該馬上著手去做這些事。過去，你一直在放縱你頭腦裡那些搗亂的反叛因素，因此它們一直阻撓著你的「國王」登上王座，在你的縱容下，你頭腦裡那些不負責任的念頭一直活躍著，讓你的精神王國陷入「無政府」的混亂之中。

你變成了自己頭腦中那些欲望、貪婪、無意識的念頭和沒有任何價值思想的奴隸。你的意志被拋到九霄雲外，本能裡那些低級的趣味則佔據了心靈的王座。那麼，現在，是時候顛覆這一切了：

你有能力讓自己的心靈灑滿陽光，你一定能克服自己的情緒、食欲、情欲或是諸如此類的思想，並且讓自己的意志建立起對它們的統治。你可以讓恐懼從你身上消失，讓嫉妒躲得遠遠的，讓憎恨從你眼前消失，讓憤怒自己銷聲匿跡，讓擔憂不再來困擾你，曾經不受控制的欲望和激情則匍匐在你強大的統治面前，並且從驕橫跋扈的統治者變成俯首聽命的奴隸，這一切都要歸功於「我」的統治。

【宣言】

我在此宣示我對自己的完全控制！

保證每小時至少一次真摯而且肯定的重複一遍這句話，尤其是當你受到引誘，想要按照低層次自我的方式處理問題，而不是嚴格遵循真正的自我的指示來解決問題時，你更應該對自己宣讀這句話。當你感到困惑和憂鬱的時候，堅定的對自己重複這句話，你馬上就會知道自己該怎麼做，在你感到疲憊，甚至昏昏欲睡的時候，請把這句話多重複幾遍。但是請你務必要透過表面去理解這句話之中蘊藏的內涵，而不是像鸚鵡學舌一樣單調的重複。想像一下吧！在你的頭腦中構建出一幅「真正的自我」，建立起它掌控你頭腦裡的低層次自我的畫面，你會很高興看到它是如何君臨天下的。

你能清楚地感覺到新的思想是如何湧進你的頭腦裡的，到那個時候，你會發現：

曾經看起來難以逾越的困難已經變得容易得多。你會感覺你已經把自己牢牢的掌握在手中了。這個時候，「你」就已經不再是奴隸，而成為了主宰！

現在，是時候解放自己了！如果你能一直堅持恪遵這些建議對自己進行鍛鍊，一年終了的時候，你會發現自己跟以前相比，簡直就是脫胎換骨，而那個時候，你會帶著一種略帶憐憫的勝利微笑回顧你過去的生活。這些建議已經開始發揮作用了，這不是孩子們尋常的遊戲，而是以嚴肅的態度對待生活的人們的任務，你，會接收它嗎？

第5章 意志的祕密

所有人都意識到了強大的意志力所具有的力量，我們都見識過如果能夠妥善利用這種力量，我們是如何克服那些巨大的困難的。但是，幾乎沒有人知道，其實透過正確的練習，我們的意志還可以得到更大的發展和強化。

很多人都說如果他們的意志足夠強大的話，他們甚至可以創造奇蹟，但是，他們似乎就停滯於在事後發出這些徒勞無益的感慨，卻從未想過怎麼去發展和增強他們的意志力。他們只會嘆息，卻不做任何努力。

從我個人的角度來講，對於意志力我有些不成體系的想法：

每個人都具有一種潛在的強大的意志力，所以他需要做的就是訓練自己的頭腦學著利用這種強大的力量。將這些潛藏在頭腦中較高層次部分的龐大意志力挖掘出來並運用。

意志力量的「電流」正沿著精神的「線路」奔騰不息，我們要做的就是把我們精神上的「導電輪」升上去，然後我們就可以按照自己的意願使用這些強大的「能源」了。而且這種「能源」是取之不盡，用之不竭的。因為我們那顆微不足道的「蓄電池」現在已經和宇宙中的意志力量這個強大的「發電廠」連接在了一起。

一個人如果把他的頭腦發展到了較高的層次，從而使得他的意志力量能完全透過它顯現出來，那麼，他已經為自己開啟了許多美妙的可能性。這不光是因為他發現了蘊藏在自己體內的強大力量，而且他還能讓這股偉大的力量運作起來。他將獲得這種力量帶給他的能力、才華、本領等等他以前做夢都不曾想像的事物。我們的意志中所隱藏的這個祕密，是我們打開所有美好未來大門的魔法鑰匙。

唐納德·G·米歇爾後來在自己的一份著作中寫道：「唯有決心才能讓一個人變得出類拔萃。而且這種決心不是那種脆弱的決心，而是天性中那種純粹的決心，也不是那種游移不定的目標，而是那種堅定和強烈的意志，這種意志能征服困難和危險，就如同年輕的勇士征服寒冬的凍土一樣。這種征服的驕傲能點燃他的眼睛和大腦，這種火焰能幫他征服那些無法逾越的障礙。意志能讓一個普通人變成天才。」

我們當中許多人覺得，只要能發揮我們自身意志全部的潛力，就有可能創造奇蹟。但是不知出於什麼原因，我們好像並不想面對困難，不管這困難是大還是小，我們並不是真正的在運用意志的力量。我們一次又一次的拖延我們該做的事，只是含混地說「過兩天」，但是，這個兩天卻從來沒有過完過。

有些事是我們不情願去做的，但是這些事情卻能夠發掘出我們意志的力量，這些事就是我們遇到的所謂的麻煩。我們的精神從來都不夠堅強。我們都是精神上的懶人和只追求面前的弱者。

這毛病會讓一個男人面臨迷失在生活中的危險，而對一個女人來說，她則有可能錯失一段偉大的愛情，而你，則會見證意志的力量從你從未想過的源頭噴發而出。

如果一個女人的孩子陷入了危險之中，你會發現她將展現出前所未有的勇氣和意志力，這些能幫她戰勝橫亙在她面前的所有障礙，並且救出自己的孩子。

如果你真的非常非常想完成一件事，那麼你將能夠不斷發展自己的精神力量來幫助完成這件事。你常常嘴上說著「我的確想把這件事做好」，可是如果你停下來仔細地思考，你就會發現自己更想做的其實是另外一件無關緊要的事，而且你還妄圖不勞而獲，什麼都不想付出就想達到你的目的。

現在就先暫停一下你前進的腳步，仔細地看看這篇文章，然後對照你自己看看在你身上有沒有類似的情況。

你是個精神上的懶人——這就是問題的關鍵。別跟我抱怨你缺乏足夠的意志力。從你來到這個世界上的一瞬間開始，你就擁有足夠你完成任何事情的意志力儲存在身上，如果說你缺乏意志力，那只是因為你太懶了，根本沒把它們發掘出來。現在，如果你真的是認真的在對待這個問題，那麼請馬上開始你的工作，並且找出什麼才是你真正想要的，然後你應該馬上投入到工作中去完成這件事。

永遠不需要擔心你的意志力量不夠——你會發現無論什麼時候，只要你需要，你馬上就能擁有充足的意志力量。你應該做的是：找到一件能讓你下決心為此努力工作的事。

現在，我們要面對的才是真正的考驗，怎麼來找到這件關鍵的事。把我們所說過的這些事都回想一下，然後下定決心到底要不要真正做一個在工作中強硬的、有決心的人。關於這個問題，前人寫過許多傑出的文章和著作，而這些所有的言論都認識到了「意志力的偉大力量」，而這句話也是這些著作中用的最多的一句話。

但是，遺憾的是，這些著作中卻鮮有介紹如何讓那些不具備這種力量的人也進入這偉大的行列，或是教那些雖然已經具有了這種能力，卻在運用時受到諸多限制的人突破這種限制的方法。有些著作中教給了我們如何「增強」意志的方法，而實際上，這種練習強化的是我們的頭腦，這種強化讓我們能夠從我們力量的倉庫中獲取更多的能量。但是他們大多忽略了一個事實，那就是自我暗示既然能增強我們的頭腦，那麼它也一定能直接作為我們開發頭腦吸取意志力量的工具。

【自我暗示】

我正在運用我的意志力量

讀完這篇文章之後，馬上認真而且肯定的把這句話重複幾遍。現在，這句話沒有任何意義，可是如果你用心品味其中的內涵，你會有不同的發現。實際上，這個思想就是「問題的全部關鍵」，而正是這幾個詞充分表達出了這個思想的內涵。所以，好好思考研究你所說的到底是什麼，它們到底有什麼內涵。

你正在意志能量的儲藏室裡吸取著能量，不久你就會發現這個思想開始發揮作用，而你的意志力量也開始自行運作了。

你會發現隨著你一遍又一遍地重複這句話，力量正源源不絕地流入你的身體。

你會發現自己開始能夠戰勝以前無法克服的困難和壞習慣，你甚至會驚訝於你所面對的一切都是那麼的順利。

【練習】

每個月中至少有一天去嘗試完成自己感到厭惡的任務。如果有一個任務讓你感到萬分的頭痛，你一想到它就想要逃避，那麼，這個任務就是你要嘗試戰勝的。這並不是要你做出自我犧牲或是折磨自己，也沒有任何諸如此類的意味，我要求你這麼做不過是想鍛鍊你的意志力。

任何人都能夠輕鬆勝任一件令他感到輕鬆愉悅的任務，但是如果想要在完成一件讓人厭惡的任務時還能夠輕鬆自如，就需要強大的意志力了，而這正是你在工作中應該做到的。這種考驗能讓你培養出一種可貴的能力。堅持這樣做一個月，你就會發現它「發揮作用」的徵兆。如果你對這種練習感到反感，那麼請你現在就停下來，我們只能說你根本就不想獲得意志力的能量，你就想繼續保持現在的狀況，並且一直都做一個停滯不前的人。

第6章 消滅你的恐懼和憂慮

我們首先要做的就是「消滅」我們的恐懼和憂慮。恐懼的思想在許多情況下是苦惱和失敗的導因。我已經一而再，再而三的向你們強調過這一點了，但是這種情況還是會一再的發生。

強烈的期待是塊強力的磁鐵。那些具有強烈、自信的渴望的人能把那些最能幫助他的東西都吸引過來，周圍的人、事物、環境，都會自動以他為中心；當然了，前提是他冷靜、滿懷希望、自信、深信不疑的渴求這些東西。

難道你沒發現嗎？那些內心恐懼的人實際上是在期待著他所害怕的那件事的到

來。而這條法則的作用相當強烈，就好像他是在渴望、懇求這件事的發生一樣。這條法則對兩方面的情況都適用，不管是什麼樣的情況，這條法則仍舊會發揮作用。

克服恐懼習慣的最好方法就是先從精神上想像出戰勝這種恐懼的勇氣，就好像擺脫黑暗最好的方法就是點燃一盞明燈一樣。如果你想要認識到思想習慣的力量，然後透過暴力解決的方式強行否定它的存在，試圖用這種方法來克服你頭腦中消極的思考習慣，我可以告訴你，你純粹是在浪費時間。最好、最有把握、最輕鬆而且也是最快的解決思考慣性的方法，就是在自己的頭腦裡想像出一種積極的思想，並且讓它取代消極思想的位置，同時，透過對消極思想堅持不懈的思索，我們就能漸漸認清它客觀上的本來面目。

所以，以後與其說「我不害怕」，不如明確告訴自己：「我充滿勇氣！」，雖然本質上都是對恐懼的否定，但是完全否認能導致我們恐懼的事物，跟先承認恐懼的存在然後否定它相比，效果要好得多。

你必須認識到這個世界上其實根本沒有什麼好害怕的，恐懼和擔憂永遠都不會給任何人帶來幫助，只要記得永遠不要害怕。你應該認識到恐懼能讓你的能力陷入癱瘓，而勇氣卻能提升我們的才能。

自信，無畏，期待，高喊著「我願故我能」的人擁有強大的磁場。他能把獲得成功所需的所有因素都吸引到自己身邊。好像所有的問題都在按著他的想法發展，人們都說他實在太「幸運」了。這都是不正確！他們的成功和「幸運」根本扯不上關係！這只不過是他們精神的態度在發揮作用。

那些整天說「我做不到」或是「我害怕」的人，他們的精神態度就決定了他們不可能獲得巨大的成功。關於成功，無論從哪方面來看，它都沒什麼神祕的。你只要努力認清我對你所說的這番話中核心的真理就能明白。你曾經聽說過哪位獲得成功的人不是堅定的抱有「我可以，我一定能成功」的想法的？他們能超越那些「我不能」的人們，而這些人當中甚至有一些擁有更傑出的才華，你想過這到底是為什麼嗎？最強烈的精神態度會把我們潛藏著的能力激發出來。

不要再浪費你思想的力量了，想辦法充分利用它的優勢。永遠也別再把失敗、沮喪、矛盾、悲傷吸引到你的身邊來。從現在開始，努力向外界散發出歡樂、光明、積極的思想。

讓你的頭腦中「我一定能，我想做好」的想法佔據思想的高點，一直思考著「我一定能，我想做好」，夢想著「我一定能，我想做好」，說著「我一定能，我想做好」，在所有人面前表現出「我一定能，我想做好」。從今以後生活在「我一定能，我想做好」的層面上，如果你能做到這些，那麼在你意識到之前，改變就已經在發生了，你的生活中會有全新的改變出現。

恐懼是焦慮、憎惡、嫉妒、憤恨、不滿、失敗和所有不幸的源頭。它的周圍一定環繞著「但是」、「如果」、「或許」、「恐怕」、「不可能」、「要是……就好了」……或是諸如此類的懦夫的藉口，只要你的身上還存在這種詞，你就一定不可能全力發揮出你的思想的力量。而一旦把這些詞從你身上趕走，你就能在頭腦的大海裡自由的航行，你能到達它的每一吋海面，你的思想就是風帆，它們會推動你向前進。而你身上的恐懼就是對上帝不敬的約拿，把他拋到海裡去吧！（我對那些吃了他的魚們表示由衷的同情）

從今天就開始，下定決心，告訴自己必須有所改變，永遠不要向你面前的困難妥協，你要堅持住直到它先向你投降為止。剛開始的時候你或許會感覺這件事很困難，但是隨著你一次又一次的和它抗衡，它會變得越來越虛弱，而你，卻變得越來越強大。

先從那些你並不害怕，而且願意嘗試的事情開始對自己的鍛鍊。馬上行動起來開始做這些事，並且在你做這些事的時候始終保持高昂的勇氣，你會驚訝於你身上發生的變化。你的精神態度會清空你前進道路上的所有障礙，你會發現這些事做起來遠遠比你想像的要簡單得多。這種形式的練習能讓你獲得讓自己驚喜的進步，只要是按照這種方法進行練習，哪怕你堅持的時間並不長，獲得的進步也是驚人的。

記住，這個世界上最可怕的事情莫過於「恐懼」本身，所以，現在，別再害怕「恐懼」了，其實它充其量只是個懦夫，只要你能顯示出你的勇氣來，它就會逃跑的。

第7章 清除走向成功的路障

憂慮是恐懼的產物。如果你把思想中的恐懼都趕盡殺絕，憂慮就會因為缺乏營養的供給而漸漸死去。

這裡有一條古老的建議，但是我們總有必要把它再重複一遍，因為它能教給我們的事對我們永遠都是大有裨益的。有的人認為如果我們把內心裡的恐懼和憂慮都清除了以後，我們將一事無成。

我就曾經在一本很優秀的期刊上看過一篇社論，那篇社論的作者就說如果沒有憂慮感，一個人什麼都做不好，因為他認為憂慮是讓我們產生興趣和勤奮工作的一種必要的刺激。

這完全是胡言亂語，不管是誰這麼說，他都是在胡說八道！憂慮從來就不可能幫助我們做好任何一件事；相反的，它總是一塊絆腳石，在我們成功的路上阻礙我們的前進。

❧我們做的每一件事，每一個行動下面所隱藏的動機都是我們的渴望和興趣。如果一個人真心實意地渴望得到一件東西，他自然而然的就會對如何完成它產生巨大的興趣，繼而就會抓住他周圍每一件可能幫助他做好這件事的細節。

更重要的是，他的頭腦開始在潛意識裡自動地工作，而它的努力工作能讓我們發掘到很多有價值而且非常重要的想法。渴望和興趣是我們最終獲得成功所必需的因素。憂慮和渴望扯不上任何關係。有一件事是千真萬確的：如果一個人周圍的環境讓他感覺難以忍受，他就會陷入絕望中，而且會失去對自己的信心，他會覺得無論怎麼努力都無法達到自己的目標。

❧我們必須努力驅除出我們頭腦中這些消極的入侵者，並且用自信和希望取代它們的位置。把焦慮變成渴望，然後你就會發現你的興趣正在覺醒，然後你就會開始思考讓你感興趣的事。思想會從貯存的倉庫裡紛紛湧進你的頭腦中，而你會開始在行動中發現它們的功用。

與此同時，你將能夠和那些具有和你相似思想的人們和諧相處，並且從周圍的思想電波中獲取幫助和援救，而這種電波在我們周圍的環境裡比比皆是。一個人會吸引那些和自己同調的思想電波，所謂的同調，就是與我們爭強好勝的天性產生諧調。然後又一次的，他會開始重新證明「吸引力法則」的偉大，為什麼他會吸引其他和他相似的人來幫助他，而且，相對的，他也會被其他能幫助他的人所吸引。這條「吸引力法則」絕不是開玩笑，也不是形而上的謬論，而是一條無比正確，而且也一直在發揮功能的天然的法則，只要透過實踐和觀察，任何人都能學會這條法則。

想要成功地做好任何事情，你必須對它有非常強烈的渴求，想要變得有足夠的吸引力，渴望必須要非常強烈。渴望很微弱的人只能為自己吸引到非常少的利益。你的渴望越強烈，你在行動中所表現出的力量就越強。

在你有能力得到一件東西之前，你必須先對它表現出足夠強烈的渴望。你必須要比你身邊的任何人都更強烈的想要獲得這件東西，而你也必須時刻準備好獲得這件東西所必須付出的代價。這個代價就是你必須為了這個最大的願望，拋棄其他阻撓你達到這個願望的其他一些小的願望。舒適、安逸、閒暇、消遣，還有其他許多諸如此類的願望，都是你必須捨棄的（雖然你並非一直得不到這些東西）。所有這一切都取決於你想得到什麼。

一般性的規律是，你想得到的東西越珍貴，你所必須付出的代價就越大。大自然只相信有得必有失。但是如果你真的很熱切地渴望得到一件東西，你會毫不猶豫地付出你所需要支付的任何代價；因為你的渴望會讓其他任何事情都變得不再重要。你說你非常希望想要得到某件事物，而且已經盡了你力所能及的所有努力去追求它了。可以告訴你，如果一個人像囚犯渴求自由一樣追求一件事，或是像一個瀕死而生命力頑強的人渴望生命一樣去追逐它，那麼他一定可以戰勝那些橫亙在他追逐的路上，看起來牢不可破的障礙和阻撓。獲取成功的關鍵就是渴望、自信和意志。這把鑰匙能打開任何一扇門。

恐懼能麻痺我們的渴望——它會使我們的生活驚惶不安。你必須擺脫恐懼的影響。在生命中的某些時候，我們會被恐懼緊緊地抓住，而一旦被它們抓住，我們就可能深陷其中無法自拔，而如果在這種「生死攸關」的時刻我們做了錯誤的選擇，我們就會失去所有的希望、追求、樂趣和雄心壯志。但是，謝天謝地，我總能找到辦法擺脫這隻魔鬼的糾纏，然後像個真正的勇者一樣面對困難，結果怎麼樣呢？瞧！所有的問題都解決了，我擺平了這些難題。無論是那些困難自己消失得無影無蹤了，或者我找到了解決問題的方法，我可以繞過去，或者從它上面越過去，或者，從它底下鑽過去。這一切到底是怎麼發生是一件很奇妙的事情。

人類就是有一種總是會無謂的杞人憂天的思維。大部分我們擔心的事情最終根本不會發生，而那些最終發生了的事其實也要比我們所想像的要好得多。而且實際上，每次遇到困難的時候，我們都能得到外界的幫助，比較輕鬆的解決遇到的問題。

上帝不只會把餡餅扔到有準備的人頭上，祂還會把有準備的人扔到餡餅下面。牧人不會只剃一隻綿羊的毛，他一定會有足夠換季的綿羊，而且在冬天的寒風咆哮之前，所有的綿羊都能換上厚厚的羊毛。

有一句非常有道理的諺語：

「我們百分之九十的擔心都是多餘的，剩下那百分之十也是過分的。」

上帝保佑，當我空閒時坐下來回想那些曾經讓我無比擔憂，擔心會突然降臨到我頭上的厄運時，我簡直會笑出聲來！那些讓我寢食難安的擔憂現在到哪兒去了呢？我不知道，我幾乎已經忘了這件事曾經讓我惴惴不安、提心吊膽。

你只要練習讓自己專心致志，把所有注意力都集中到眼前的問題上，你就會發現曾經困擾你的那些擔憂就自己消失不見了。我們的頭腦一次只能思考一件事情，所以如果你把視線集中到了正確的事情上了，其他不和諧的聲音就會自動銷聲匿跡。比起和它們進行對抗，我們有更好的方法來克服讓我們討厭的想法。學著把注意力集中到另外的方面，你就會發現解決問題的方法。

你必須把自己頭腦裡的擔憂完全排除出去，因為無論何時，你都不可能從它裡面得到好處！明智、愉悅、快樂的思想能為我們吸引明智、愉悅、快樂的事物，擔憂會把它們嚇跑的。你必須從現在開始培養自己正確的精神態度。

第8章 精神控制的法則

你的思想既不是忠誠的奴僕也不是兇殘的暴君，除非你允許它這麼做。你必須對它說點什麼，你必須自己做出選擇。

如果你成功的駕馭了它們，前提是你的意志必須足夠堅定，它們將能夠在意志的指引下著手完成你的工作，它們在你清醒的時候當然是在工作著的，然而即使你睡著了，它們仍在繼續著自己的工作，所以我們某些最成功的想法都是在我們有意識的思考活動停止之後出現的，而這種情況的外在表現就是一覺睡醒，我們會突然發現一直以來困擾著我們的問題突然得到了解決，甚至包括那些我們已經放棄了的難題，當然了，這只是表面現象。

但是，如果你沒能控制住它們，它們就會凌駕於你之上，讓你成為它的奴隸，我想你不會愚蠢到允許它們這麼做的。世界上超過一半的人都是各種各樣漂泊不定的想法的奴隸，這些想法看起來很美，但實際上卻是他們痛苦的泉源。

你的頭腦應該被你所用，為你帶來利益，而不是讓它利用你。但是實際上只有很少的人能認識到這一點，至於懂得駕馭思想力量的藝術的人就更是少之又少了。破解這種神祕的關鍵就在於專心致志。只需要一點練習，我們每個人就都能夠正確的建設我們身體裡的精神機器。

每一點能量都得到了充分的利用，你頭腦的車輪正在向著革命性的方向前進，這條道路上的每一塊石子都有它們的價值。這些東西就足以提供我們思想的車輪前進所需的能源了。

那些懂得如何讓自己的精神引擎運轉起來的人都知道，其實最重要的一件事是如何在不再需要的時候讓自己的精神引擎停下來。他不會無休止的向精神的爐火裡添加燃料，他也不會在工作已經完成，也許只是當天的工作完成的時候，還保持著高度的緊張，這個時候，我們應該停下來，讓爐子裡的火苗慢些燃燒，直到第二天重新開始工作。

對於那些熟知精神控制法則的人們來說，一個人，夜裡躺在床上不好好睡覺，卻在那兒為白天發生過的事，或者，當然，這種情況更常見：為了第二天而感到焦慮；這實在是一件無比荒謬的事。

想給我們的頭腦減速實際上就和給一台機器減速一樣簡單，而且已經有成千上萬的人開始跟著「新思想」學著這麼做了。

想透過有意識的「壓抑」來對抗一個強制運行著的思考是不可

能的，那是對你自己精力的巨大浪費，而且你越是對自己說：「我不要想這件事！」它就會更頑固的根植在你的頭腦裡。正是因為你用這種方式去驅除它，所以只會更牢固的抓著它不放。

由它去吧！再也別拿正眼看它；把你的思緒完全投入到另外一件截然不同的事情中去，並且依靠你的意志力讓你的思維定格在這件事情上。在這件事情上，一點練習就能為你帶來很大的好處。在你注意力的焦點上，一次只能容納一件事，所以把你所有的注意力都放在對一件事的思考上，那麼其他事就會漸漸消隱了，為了你自己的未來，這件事值得試一試。

第9章 發掘生命的力量

我已經對你說過擺脫恐懼的好處了。現在我想在我們的「課堂」上教會你如何生活。

你們當中有太多的人一直以來就如同行屍走肉一樣的活著，沒有野心，沒有激情，沒有活力，沒有興趣，沒有「生命」。而且也許永遠也不會有。你被陷在泥淖中了。醒醒！讓我們看看你還活著的跡象！

在這個美麗的世界上像一個活死人一樣活著是不合時宜的，這是一個精明、積極、「活著」的人的世界，完全的、虔誠的覺醒才是我們需要的。加百列大天使的喇叭中吹奏出的旋律不過是一陣清風，卻可以讓懵懂的人們如醍醐灌頂般覺醒，而對於那些心已經死去的人們來說，再響亮的聲音也不會對他們產生什麼影響，這種人的生命也不會再有什麼價值和意義了。

我們必須讓我們的生命在我們的身體裡流動，而且我們還要給它們留下自然而然展現自己的機會。不要讓生命中的小小憂慮，大的也不行，把你變得沮喪，甚至因此喪失自己的活力。時時刻刻向自己重申你的身體裡有著生命的力量，並且在你的每個想法、行動和作為中把它展現出來，那麼不久之後你就會為此高興起來，而你的活力和精神也會因此熱絡起來。

把你的一小點生命投入到你的工作當中，投入到你的快樂當中，投入到你自己當中。再也不要心不在焉地做一件事了，學著對你正在做的、正在說的、正在想的事情產生興趣。只要我們能覺醒過來，我們會發現生活中任何一件平常的事情都隱藏著許多樂趣，這種發現真的會讓我們驚異不已。我們周圍到處都是有趣的事情，有趣的事情每分每秒都在發生，但是只有發掘出生命的力量，開始「生活」，而不僅僅是「活著」，我們才有可能發現這些樂趣。

我希望你能獲得這種積極生活的感覺，只有這樣你才能在生活中展現出這種「生活」的感覺。同時，也能夠展現出「精神科學」在你身上產生的顯著效果。我希望你從現在就開始努力，努力按照最佳的模範來對你自己進行改進。只要你能在這件事中獲得樂趣，你就一定可以做到的。

【我們的觀點和練習】

你必須在腦中牢牢樹立起這樣一個想法：你身體裡的「我」是非常活躍的，而且你應該在生活裡處處展現出這一點來，無論是行動上還是思想上，你必須讓這一點得到充分的驗證。而且你必須讓這種想法一直堅守在那兒，你可以透過不斷地重複這句口號來幫助你做到這一點。別讓你的思想從身上逃走，你要不斷地把它推回你的腦袋裡，盡可能多的讓它在你的精神視野裡盤旋。在你早上睜開眼睛時，重複這句口號，在你晚上休息之前，也別忘了重複這句話。吃飯的時候記得重複這句話，其他任何時候，只要有機會，就重複這句話，要做到每小時至少把它重複一遍。在精神中為你自己繪出一幅充滿生機和活力的圖像。盡可能久的堅持這一點。慢慢的你會發現自己開始在生活中時時記得說：「我充滿了活力！」而且能盡可能多的展現出你的活力。如果你發現自己感覺沮喪，對自己說：「我充滿了活力！」然後做幾個深呼吸，並且隨著每次吸氣，告訴自己你正在吸進去的是力量和活力，而呼氣的時候，告訴自己你正在呼出去的是衰老、死亡和消極的思想，你會為把它們排出體外感到無比的高興。然後當你做完這些時，懷著熱忱、強健的心情說出這句話：「我充滿了活力！」然後讓我們看見你如何證明這句話，讓你的思想真正形成可以發揮作用的能量。

不要永遠只是停留在口頭上說說「我充滿了活力」而已，你要用自己的行動去證明這一點。對你要做的事投入充分的興趣，不要只是發昏或是做白日夢似的說說就算了。現在就開始認真考慮這件事，然後，開始你的生活吧！

第10章 訓練你的慣性思考

著名的教育家和心理學作家威廉姆．詹姆斯教授，有一次非常真摯地說：

「在所有教育中，最偉大的成就莫過於讓我們緊張的情緒成為我們的盟友，而非敵人。要想做到這一點，我們必須在無意識與習慣性的狀態中完成它，而且要越早越好，盡我們的可能運用的越多越好，對它的引導越細緻越好，只有這樣我們才能讓它沿著我們設想的方向前進，而不會產生不利的副作用。在我們養成一個新習慣，或是摒棄一個舊習慣的過程中，我們讓自己時刻處於盡可能強烈和主動的意志的保護之下。除非新的習慣已經在你的頭腦裡扎根，否則永遠不要放鬆，一刻也不要放鬆。只要可能的機會一出現，馬上抓住它！無論是你做出的決定，或者是你曾經經歷過的鼓舞，再或者是你一直以來迫切想要養成的好習慣。」

這條建議所遵循的思考是所有精神科學的學生都再熟悉不過的，但是它比我們以前所學過的內容更加清晰明瞭。它讓我們對潛意識的推動作用和它所傳遞的重要性都留下了深刻的印象，所以這些「推動作用」就會變成自動的和「第二天性」的。我們潛意識的精神活動是我們和他人提供給我們自己的建議的大倉庫，而這就是「習慣性思考」，在提供給它精神原料的時候，我們必須加倍小心，因為這會讓我們形成習慣。如果我們養成了做某件事的習慣，我們就會確信因為潛意識精神力量的作用，在做這件事時我們將會比只是一遍一遍地重複要簡單得多，每多做一遍這件事，這件事就會變得更簡單，直到最後我們就會堅定不移的跳進習慣的繩索中，一旦到了這個時候，我們就會發現，想要從這件讓我們厭惡的事情中擺脫出來幾乎已經變得不可能了。

我們應該培養自己的好習慣，哪怕那樣做會花費我們很長的時間。總有一天，我們會被要求展現出我們好的習慣，而到底能不能做到這一點，就取決於我們現在是不是花費了充足的時間在這上面。如果我們投入了足夠的時間和精力，我們就會發現根本不需要思考，我們就能做好這件事，我們也不必在做這件事的時候努力克服其他阻力，或是在關鍵時刻被反對的意見束縛住手腳。

我們必須時刻保持高度的警惕以防止我們養成不需要的壞習慣。也許你今天做這件事並沒有什麼特別的壞處，也許明天也沒問題，但是如果你養成了做一件特定的事的習慣，那就有可能會有很多害處了。

如果你正面對著這樣的問題：「這兩件事情中我應該做哪一件？」那麼最好的回答就是：「做那件你想讓其成為習慣的事。」

在養成一個新的習慣，或是改掉一個舊的習慣的過程中，我們必須讓自己投入到一種盡可能高的狂熱狀態中，只有這樣我們才能取得更好的成效，因為相反習慣的阻礙作用會慢慢消耗掉我們的精力，只有這樣做，我們才能在精力耗盡前達到我們的目標。我們應當現在就開始著手在我們的潛意識裡刻下盡可能深刻的烙印。然後我們就應該持之以恆的抵制種種誘惑，來防止這些「下不為例」的誘惑毀掉我們的心血。對我們的習慣來說，這種「下不為例」的想法比其他任何原因有著更大的殺傷力。

這一刻，你滋生出了「下不為例」的想法，就象徵著你向自己意志的堅壁刺入了一把利刃，而這把利刃所造成的裂紋最終會讓你的意志土崩瓦解。

同樣重要的還有，當每次你抵擋住了誘惑，你的決心也就變得更加堅決。盡可能早，而且，盡可能經常的按照你的決心行事，並且在每一次思考的過程中實實在在的表現出這一點來，你的決心就會變得越來越強大。每次你對自己決心的支持都能提供給它更強的力量。

我們的頭腦可以被比喻為一張從沒被摺過的紙，而後來，它總是習慣沿著先前的摺痕翻摺，除非我們再摺出一條新的摺線，否則它總會沿著最後的摺線翻摺。而這些摺痕就是我們的習慣，每一次我們養成一個新的習慣，我們的頭腦都會很自然的順著它翻摺。所以，讓我們沿著正確的方向來摺這張紙吧！

第11章 情感心理學

大部分人都傾向於認為情感不受到習慣的約束。我們都認同習慣是從人們的行為模式中獲得的，甚至可以從思考方式中獲得，但是我們卻認為「情感」和「感覺」是有著密切聯繫的，所以情感在某種程度上並不受我們控制，因此和精神能力無關。實際上，雖然行為與情感這二者之間有著很大的不同，但這二者都與習慣密切相關。一個人可以壓抑、培養、發展和改變自己的情感，正如同一個人可以用理智和意志力來改變自己的行為和思考方式。

心理學上有一句話是這樣說的：「重複可以加深情感。」

如果一個人某一次在某一種情境中完全被一種情感攫住，那麼在下一次出現相同情境時，他就會很容易陷入同樣的情緒中，周而復始，直到這種特定的情緒變成一種條件反射。如果某種你不希望存在的情緒牢牢地佔據了你，你最好儘早嘗試克服這種情緒，至少也要控制它。

想擺脫情緒的控制，最好的時機就是它剛剛出現的時候，因為每次重複都會加深這種情感對你的控制力，你想擺脫它的控制也就變得困難。

你曾經嫉妒過別人嗎？如果有的話，你就應該知道，嫉妒在你不知不覺中到來，陰險地在你耳邊進獻著讒言，你逐漸地屈服於它的淫威，聽從它的蠱惑，你的臉色由於妒忌變得蒼白發綠（這是因為嫉妒的情緒會影響膽汁的分泌，因此血液的成分和顏色也發生了改變，所以臉色變成了綠的）。

你應該記得嫉妒是怎樣在你心裡生長，甚而完全佔據了你的心靈，直到你因為恐懼而不得不用理智來克服你的嫉妒心。但是下一次，你會發現你很容易又開始嫉妒了，它看起來是如此恰如其分地出現在你的面前，讓你沒有任何理由抗拒它。你成為了善妒的「紅眼惡魔」的奴隸。

其他的情緒也是一樣的。假如某一次你的情緒屈從於憤怒，你會發現下一次即使在較少的刺激下，你也很容易變得憤怒。某種情緒或行為成了習慣，也就是說只要它得到了鼓勵，就會在很短的時間內在你的意識中扎根。煩惱就是一種很容易養成的習慣，人們剛開始時是為一些大的事情而煩惱，後來就開始為比較小的事情感到煩惱和焦慮，到最後連雞毛蒜皮的事情都會困擾他們。他們覺得彷彿所有的不幸都將降臨到他們身上。

如果出去旅行，他們相信一定會發生事故；如果接到電報，那一定是有某個壞消息；如果孩子今天表現得很安靜，那麼悲觀的母親會認為孩子一定是病了，說不定還有生命危險；如果丈夫腦海中思考著一些商場上的事情，看起來很深沉，那妻子就會覺得丈夫不愛她了，她甚至會傷心地哭起來。

「吹毛求疵」是另一個極其常見的，透過重複很快會發展壯大起來的情緒之一。剛開始你覺得這個不對，然後那個也不對，最後什麼你都看著不順眼。這個人就會變成一個「嘮叨專業戶」，成為了朋友和親人的負擔，所有人都像躲瘟疫一樣躲著，不願意和他交往。

嫉妒、無情、聊八卦，都是這一類的壞習慣。不好的種子就藏在你心中，只需要一點養料和水分就會成長得十分茂盛。每一次你向這些消極的情感所做的讓步，都會使它們在下一次遇到同樣的或者相似的情境時，更容易表現出來。

現在我所說的這些，並不能算是關於錯誤的思考習慣的一次傳統、正規的宣傳。我說這些話，只是為了喚起你對於情感心理學的重視，其實並沒有什麼新意，但是就像萬古長存的山川一樣，它們存在的時間太久，以至於我們都忽略了它們的存在。

如果你想保持這些令人不愉快的特點，並甘願忍受它們帶來的痛苦和煩惱，那也隨你的便，這是你自己的事情、你的特權，和我並沒有多大關係。我也有我自己的事情，就是時刻關注我身上的壞習慣和壞行為，並想辦法改進。我只是告訴你這件事情發生與發展的自然規律，剩下的事就要靠你自己了。

詹姆斯教授說：「拒絕表達一種熱情，這種熱情就會死掉。當你想要發怒的時候，先從一數到十，也許這看起來有一點不合情理，但這樣會使你避免犯下後悔莫及的錯誤。

但從另一方面來說，整整一天以一種憂鬱的姿勢坐著、歎氣，對所有問題都以一種低沉憂鬱的聲調作答，這也是一種愚蠢的行為，因為這樣你的憂鬱就會永久延續下去。」在道德教育中，沒有比這更有價值的教訓，每一個體驗過的人都會知道：如果我們想戰勝自己的思維傾向，就必須勤奮努力。

展開你緊皺著的眉頭，點亮你迷茫的雙眼，挺直你的脊梁，自信地在眾人面前發表你獨特的見解，並坦然接受別人投來的讚嘆目光，在這樣的成功和自信中，除非你的心是石頭做的，否則一定會感到心靈如同寒冰在春風中漸漸融化一般溫暖。

第12章 開發大腦的新領域

大腦就好比一架精巧的、有數以億計按鍵的樂器，用這些按鍵，我們能夠演奏出無窮多的樂曲。

如果把人生比作競賽，絕大多數的競爭者都是自己的感情的奴隸，並在基本上為自己的情感所統治。他們認為人生來就是要被自己的感情所控制的，並且沒有辦法將自己解放出來，因此他們都不會去反抗。

他們未經懷疑就向自己的情感做出了讓步，即使他們有可能知道這些感情或思維傾向累積起來後，將對他們造成不利的後果，帶來不幸和失敗而非幸福和成功。

新的情感心理學為人們糾正了很多認識上的盲點。它告訴我們，我們完全可以掌握自己的情感和感覺，而非做它們的奴隸。它告訴我們，我們可以按照自己的意願開發新的大腦細胞，以前那些給我們帶來不愉快的舊的大腦細胞應該被放到退休名單上，以後也不要再用到。每個人都可以做自己的主人，改變自己的性格。這些並非空論，而是被成千上萬的人所證實過的真理。不管我們持有怎樣的意識論，我們都得承認大腦是進行思考的器官和工具，至少在人類發展的現階段是這樣的，這一點是毋庸置疑的。

我們的大腦有無數未使用的腦細胞等待著我們去開發。我們獲得思考、情緒和行為上的習慣，是因為我們重複地去使用它們。也許我們生來就有某種傾向，也許我們是聽從了別人的建議而擁有了這種意願，比如學習身邊的榜樣、從書中得來的建議、聽從老師的教導等等。思考上的習慣是束縛我們的繩索。每次我們放縱自己沉浸在一種不健康的習慣中時，下次我們重複這種習慣的可能性就又增加了一成。

研究人的思維的科學家們，把你希望持有的想法或態度稱為「積極思維」，不希望持有的叫作「消極思維」。這種叫法是其來有自的。

人的意識會自動地根據「主人」的喜好把一類想法看作是「好的」，它會為這些想法清理道路，不設障礙。這類想法對你的影響遠大於另一類「消極思維」。一種「積極思維」的力量要比好幾種「消極思維」的力量更強大，正因如此，戰勝「消極思維」最好、最有效的辦法就是培養「積極思維」。

「積極思維」是生命力最強的植物，它會日積月累地吸收養分壯大自己，最終將「消極思維」全部驅逐出自己的領地。

當然，一開始你也會遭遇「消極思維」的劇烈反抗，因為這是一場為生存而戰的戰爭。如果「積極思維」得到空間生長和發展，那麼「消極思維」就要眼睜睜地看著自己滅亡了。結果，它讓它的「主人」越來越不愉快，直到某一刻下定決心把它們從頭腦中趕出去。

最好的途徑就是不要去注意生長在你頭腦中的雜草，而把所有的精力都放在種植、澆灌和照料那些新的欣欣向榮的美麗花朵上。

比如說吧！如果你恨某個人，戰勝這樣的消極情緒最好的辦法，就是在恨的領地上種植愛的種子。存有愛的觀念，並在行動中表現愛，對每個人都盡可能以一顆善良的心去包容、理解和幫助，並且持之以恆。也許剛開始並不是那麼容易做到，但是漸漸地，當愛越來越多，恨也就一點點土崩瓦解，不復存在了。又如果你總是很悲觀，那就練習微笑吧！並學著去看事物光明的一面。

在你想要說出喪氣話之前先來一個轉折，不說悲觀的一面，而說樂觀的一面。「猶豫惡魔」剛開始一定會抵抗，但是不要管它，只要全心全意去培養積極和樂觀就夠了。讓「光明、樂觀、快樂」成為你思考問題的出發點，並且要堅持不懈。

也許這些教導看起來都很古老，該被時代的潮流所淘汰了，但是它們確實是心理學上的真理，而且可以給你帶來很多有用的啟示。如果你理解了這個規律，那麼你學習到的很多建議就可以被真正的理解和運用。

如果你歡欣鼓舞，那你很自然地就會笑。如果你試著笑一笑，心情也會隨之變得愉快起來。你明白我想說什麼了嗎？沒錯，簡單地說就是如果你想要養成某種習慣，那就從養成這種思維開始；想養成某種思維呢，也可以把你想要獲得的理念一次一次地付諸實踐，並在實踐中加深和強化你對它的認識。

現在，讓我們來檢驗一下你是否能運用這條法則。想一件你覺得確實應該做，但是你一直不想做的事情。在做之前向自己傳達這樣的思想：「我喜歡做這件事，願意做這件事。」然後帶著這樣的情緒（記住：要保持愉悅！）去做這件事情。在做的時候帶著興趣，找出做這件事情最完善和最有效率的方式，用心投入地去做，帶著驕傲去做，然後你會發現你用相當愉快的心情和非常有效的方式完成了這件本來很頭痛的難題，並且你又獲得了一個新的習慣。

如果你想把這個方法用於擺脫某些思維定式，那它也是同樣行之有效的。你只需培養起與之相反的想法和思維，然後將這些想法付諸實踐，用你最大的努力去做這件事情。逐漸地，你會發現自己身上的變化。不要為剛開始的挫折而灰心喪氣，要充滿信心地說：

「我能做到，而且我一定會做到。」

在這個過程中，最重要的是要愉快和保有興趣。只要你做到了這些，那其他的事情就變得易如反掌了。

第13章 有吸引力的力量——欲望的力量

「思維漏洞」。在這裡，我並不是指要從你的失敗經歷中吸取教訓而總結出的思維漏洞，雖然這一點也很重要，但在這裡不是我們要討論的重點。我所指的是另一種壞習慣，總是讓自己的注意力隨著途中的各種誘人風景而轉移和改變。

想要得到一件東西時，你通常會完全愛上這件東西，在你的眼裡只能看到它的存在，對其他的東西都視而不見。你必須要像愛上一個你願意與之結為夫妻的女人／男人那樣地去愛這件東西。

我並不是讓你變成一個偏執狂，並失去對世界上其他所有東西的興趣，那樣是不行的，因為你的頭腦需要不斷地更新、與時俱進。我是說你應當為了你想得到的這個東西而全身心地投入，這時好像其他一切都變成次要的。

一個陷入愛情中的男人也可以對所有的人都禮貌親切，可以精神愉快地工作和休閒，但是在他內心裡卻全都被「那個女孩」的身影所佔據，他所做的一切都直接或間接地與她有關，目的就是追求到這個女孩，用自己的努力給她一個溫暖舒適的家。你必須要愛上你想要的這些東西，而且要真誠熱切的愛，不是現在「流行」的那種閃電般的不穩定、不長久的愛，而是傳統式的一心一意的愛。在那種愛情中，一個男人可能在深夜還徘徊在他心愛的女孩的家門口，直到確認那個女孩在家中十分平安。

想要成功的人就得讓這種強烈的欲望控制和支配他的熱情，他/她必須得創造最大的可能性。

成功是善妒的，所以我們用女人來形容它。她要求一個男人付出全部的感情，如果這個男人同時被其他的女人吸引，她立刻就會轉過身不再理會這個男人。因此如果這個人的成功欲望轉移到別的地方去，那他將極有可能成為一個失敗者。

精神力量被聚集起來時能夠發揮最大的威力。為了滿足你的欲求，你必須集合起幾乎全部的精神，正如一個陷入熱戀中的人可以想出各種各樣浪漫的計畫和度假安排來取悅他的愛人。一個熱愛他的工作的人如果全心投入，會有層出不窮的創意和新計畫出現在他的腦海中，並且那些都是有價值的想法。

記住，你的頭腦是在潛意識的平台上工作的，而且絕大多數時候都追隨著你的熱情和欲望。它會安排好事情，將計畫表整理打包，當你最需要它們的時候，它們就突然的出現在你的腦子裡，這時你可以享受靈光閃現的快感，就像你從上帝那兒得到了額外的饋贈。

但是如果你將自己的精神力量分散開來，你的潛意識思維就不知道該如何為你服務，結果你也就沒辦法享用這種「上帝的饋贈」。不僅如此，你還將錯失那種能給你帶來成功的精神力量，因為你沒有將它們集中在一起發揮最大的效力，你的精神力量的各部分就都不相諧調，也就不能大量地為你所用，自然也就不能得到最好的結果。

所以不要養成縱容你的思維漏洞的壞習慣。讓你的欲望隨時保持新鮮的活力，讓它不受其他欲望干擾。熱愛你想得到的，想像你將得到它，但不要轉移興趣。讓你的主導性的熱情強烈而堅定。不要做一個精神上的「一夫多妻」的人，有一種素養是最應該擁有的，那就是，一次只愛一個。

有些科學家宣稱，有時候被稱為「愛」的事物來源於生活的最底層。花的種子在有了水的滋養之後便開始萌芽，將自己的鬚根向外延伸。他們說，是對太陽的愛使花兒從黑暗的地下破土而出，接受陽光的洗禮。這種被稱為「化學親和力」的物質確實算得上是愛的一種形式。而欲望就是這種宇宙生命之愛的顯現。只有內在的愛的神力才能克服征途上的一切障礙。

你對某種東西的欲求越強烈，你的愛也就越深；你的愛越深，你與它之間的吸引力也就越大，這種引力不僅是內在的，也是外顯的。

第14章 強大的動力

在你的生活中，不難看到兩類對比鮮明的人，一種是成功的有魄力的人，另一種是圍繞著他們的碌碌無為的人。你一定已經發現在這兩類人身上存在許多差異，但是你不一定能明確說出這些差異究竟在哪裡。今天我們就來討論一下這個問題。

博通說：「我活得越久，就越看清楚弱者和強者、偉人和庸人之間的最大區別就在於充沛的精力和不可扭轉的決心，一旦確立了目標，只有成功，不許失敗。」

我想博通的這句話是一種最清楚無誤的表述了。他的見解無疑是一針見血、一語中的的。

充沛的精力和不可扭轉的決心，這二者結合起來所產生的威力是無可比擬的。但是有一點要注意：這二者必須同時擁有、缺一不可。只有充沛的精力，沒有決心，那麼這精力也就被荒廢了。

許多人都是精力充沛的，有些人甚至精力過於旺盛，但是他們卻缺少專注，缺少那種能夠使他們的精力用到正確地方的專注力。對於大多數人來說，他們的精力與能量絕對是不缺乏的。

什麼叫作「不可扭轉的決心」？這種決心會使你全身心為之激動和興奮，會使你的能量全都被激發出來，投入到你要做的事情中。「不可扭轉的決心」會指引你走向成功，無論什麼事情。

每個人身體裡都住著一個「意志巨人」。但是絕大多數人都太懶惰而將它棄置不用。其實，我們可以用這樣一些話來激勵自己：「我可以。如果我能拿出所有的決心，並且義無反顧、絕不回頭，那我就會擁有一筆巨大的財富，人類的意志。」其實，大部分人根本就沒有意識到意志的力量有多大，而那些學習過並掌握了這門課程的人卻知道，意志是宇宙間最具爆發力的能量之一，如果恰到好處地加以運用和引導，是可以創造出奇蹟的。

在你的腦中一遍遍複述這幾個詞語吧！體會你的血液如何為之沸騰，神經如何為之興奮。把這幾個詞語化成你的一部分，然後帶著勇氣和信念，在生活的戰場上勇往直前。讓「能量和不可扭轉的決心」這幾個詞語成為你工作和生活的發動機吧！你將會成為世界上少數真正能「做成事情」的人之一。

很多人之所以沒有將事情做到最好，是因為他們把時間和精力都放在了把自己與那些成功人士相比較上，或者是過高地估計那些成功的人，因而把自己看得一無是處。但是一個很有趣的現象是，他們往往在比較之後才發現，那些成功的人其實並沒有多麼與眾不同。你有時遇見一些著名的作家，接觸之下，你會發現他們其實都是普通人，他並不見得多麼聰明絕頂，可能在你周圍很多人，都顯得比這個寫出了讓你為之拍案叫絕的作品的天才更加聰明機智。或者你遇見某些著名的政治家或外交家，他們的智慧也許趕不上你村子裡那些將全部智慧都用在對付沙漠化氣候上的老人們。或者你遇見一些商業上的成功人士，他們顯得還沒有你鎮上那些跟客人討價還價的小商小販更精明。那麼為什麼會這樣呢？難道這些人都是徒具虛名嗎？問題究竟出在哪裡呢？

問題的根源就在於：你把這些人想像成超人，但其實他們並沒有三頭六臂，他們也是普通人。但是你要問了：「那他們的偉大和成功是怎麼來的呢？」概括地說就是相信自己天生的能力，當他們工作時，就集中全部的精力在手頭的工作上；當他們不工作時，則不讓絲毫能量被浪費。他們相信自己，並做了該做的努力，所以他們成功了。

至於聰明人則把他的聰明用在了許多雞毛蒜皮的小事上，每天和許多蠢人說話聊天。如果他真的聰明，他就應該把自己的智慧運用在最有價值的事情上。

❧所以偉大的人與你、與我、與所有的人都沒有很大的不同，我們在基礎的本質上都是相似的。你跟他們多多接觸就會發現他們其實很「普通」。但是，不要忘了這一點：他們懂得如何運用自己的才能，而大多數人卻不懂，甚至還懷疑自己究竟有沒有才能。

事實上，那些成功人士的成功都是從他們意識到原來自己與經常聽到的那些事蹟卓越的人，並沒有天壤之別開始；這一點給了他們信心。結果他們發現，事實果然如此；別人能做到的，他們也能做到。然後他們就學會了少說、多做，避免在無聊的事情中浪費自己精力的技巧。他們把能量儲存起來，集中用來打理自己的事業，而這時他/她的同伴們卻整天忙於耍小聰明和自我炫耀。他們會等著周圍那些人為他們所做出的成就喝采欽佩，而不會羨慕那些因為夸夸其談和耍小聰明而受到稱讚的人。因為，「笑到最後的人笑容最燦爛。」

如果你把一個人和許多成功的人放在一起，一起生活、工作，那他也很有可能會獲得成功。一個重要的原因在於他可以觀察那些成功的人，並從中發現成功的「祕訣」所在。

不要低估自己，也不要高估別人。要明白自己天生就擁有成功的潛質，你有許多天性都還未被開發出來。所以要盡量去發掘自己的潛質，並用這些天分來為自己的夢想而努力。

其中最基本的一點就是集中精力於眼前的事，將每一件事都做到最好，要相信自己的能力完全能夠應付即將到來的各種挑戰。「好鋼用在刀刃上」，所以要把你的能力都用在最有意義的事情上。急功近利也是不可取的。如果你是一個作家，那就把你的靈感留在寫作上；如果你是一個商人，那就把你的創意都留在生意上；如果你是一個政客，那就把你的智慧用在國事上；無論做什麼，不要被眾人的嘈雜干擾了心神，不要為了滿足眾人的膚淺而耽誤了自己的未來。

我在此所講述的課程並沒有任何誇張，也並不高深，但卻可能是你目前最需要的。不要再執迷不悟了，照我說的做吧！用你的天賦，為自己創造一個更美好的明天！

第15章 相信自己

在最近一次談話中，有一位女士向我傾訴了她的苦惱，她說她這些年一直希望得到的東西已經近在眼前了，但她卻不知道該怎麼辦。

我告訴她，這說明「吸引力法則」發揮效用了，她所追求的東西受到她欲望的吸引而靠近了她，現在她不用猶豫，「花開堪折直須折，莫待無花空折枝。」但她卻不是很相信，一直在重複這麼幾句話：「噢！是真的嗎？我有這麼幸運嗎？這不可能實現的，太不真實了。」她的「夢想之地」明明已經近在眼前，她卻因為相信「這太好了，所以不像是真的」而不敢向前邁出半步，差點就這樣和機會白白擦肩而過。

後來我想是我的勸說發揮了作用，她因為我的話而建立了自信，我最近一次聯繫她時，她已經在積極行動了。我在這裡講這個故事並非為了吹噓自己，而是想告訴你們，事實上，永遠沒有什麼是「太好了，所以不太可能實現的」。

不管看起來是多麼美好的事物，也不管你是如何看待自己。你有資格擁有一切美好的事情，因為這是你生來就擁有的權力。所以不要害怕要求和擁有。

這個世界並非屬於一些「幸運兒」的，這世界屬於我們每一個人，但是實際上，卻只有少數人明白自己所擁有的這種天生的權力，並有足夠的智慧和勇氣去獲取。就因為你覺得自己不配，你沒有勇氣去要求和佔有，所以你就與很多美好的事情失之交臂了。

所以你自己是怎麼認為的最為重要，因為你的「頭腦精靈」聽命於你，並嚴格地按照你所說的去做。如果你說：「我有資格獲得我想要的一切，我天生就有這個權力。」那麼你的「頭腦精靈」就會說：「我想他是對的，我將要給他那些他所要的東西，因為他懂得自己的權力，就算我想要否定也是無濟於事的。」但是如果你說：「噢！這太不可思議了，怎麼可能是真的呢？我簡直是癡心妄想。」

但我們為什麼說你有權擁有一切美好的事物呢？你有沒有想過你是誰？按照哈姆雷特的說法，人，是「宇宙的精華，萬物的靈長」。人是上帝的子女，生來就承襲了優秀的基因和豐厚的遺產。

因此，實際上不論你要求什麼，那都是你應得的。而且你的欲望越強烈，對自己越自信，你就越容易獲得，越可能成功。

強烈的欲望、自信的期待、勇敢的行動，這三點是成功的基石。但在你付諸行動之前，你要首先明白一個道理，那就是你要求的東西都是你應得的，而不是「癩蛤蟆想吃天鵝肉」。只要你頭腦中還存留有對自己的權力的一絲懷疑，就會給這條法則的實現製造阻礙。也許你可以擁有十分強烈的欲望，但是如果你懷疑自己的權力，那你往往缺少行動的勇氣。如果你堅持認為自己想要的東西是屬於別人，而非屬於你自己的，那就等於你把自己放在了一個只能仰望和嫉妒別人的位置上。在這種情況下，你的頭腦在做事情的時候總會畏縮不前，因為它總帶著一種拿了別人東西的畏懼心理。但是一旦你意識到，作為一個神聖的繼承者，宇宙間最好的一切都是你的，你完全不需要從別人手裡搶任何東西，這樣矛盾就消失了，戰爭平息下來，「吸引力法則」就能繼續發揮著作用。

沒有什麼好害怕的，如果你不害怕這個世界，那這個世界就會害怕你。做一個頂天立地的人，而非蠅營狗苟地生活。不僅是思想上要如此，行動上也是。不要做「思想上的巨人，行動上的侏儒」，大膽地去追求你的理想吧！它們並不遙遠。

從來沒有什麼東西對你來說太過遙遠，什麼都沒有。你現在擁有的都還不是最好的，還有更好的在後面等著你。

> 這世界所能給你的最好的東西和宇宙的贈予比起來都是小菜一碟。所以不要害怕，儘管去追求你在生活中想得到的一切吧！把它們當作使你的生活變得更加豐富多彩的工具，直到你對它們感到厭倦為止。

當有一天，你的人生超越了現在的階段進入更高的境界時，你以前所留戀的都應當更新換代，切不可流連忘返、止步不前。因為人生的每一個階段都有著不同的認識和不同的需要，在這一階段合適的觀點，到了下一階段就不再合適，如果固執地堅持舊的生活方式和生活態度，就會在新生活中碰壁。

因此，不論什麼時候，絕對不要沉迷在你的遊戲之中，這些只是用來愉悅、滿足你，為你提供快樂的事物，而非你的一部分，並非你幸福的根基，說到底，它們只是身外之物。你應當隨著環境和身分的變化及時淘汰舊的，索要新的。是你控制它，而非讓它控制你。

這就是做環境的主人和環境的奴隸的區別所在。奴隸們認為自己不夠優秀，能擁有一小部分玩具已經很值得慶幸了。他們不敢再要求更多，害怕連到手的這一點也失去。而且他們患得患失，為了眼前的利益而放棄了更高的追求。他們甘於被控制，甘於做一個奴隸。而主人們呢！他們想要什麼就要求什麼，因為他們知道這是他們的權利，他們不怕自己被人說貪心，也不會為現在所擁有的一切感恩戴德，因為他知道在未來還有更好的寶藏在等待他們。隨著時過境遷，現有的玩具已經過時、被淘汰，他們就會繼續要求新的娛樂。當他們的人生又上了一個台階時，他們會毫不留戀地將那些過時的玩具拋棄，帶著自信的微笑走向未知的、充滿新鮮感的明天。

第16章 法則，不是機率

從前有一次，我和一個人說起思想的「吸引力法則」，他說他不相信思想可以有一種吸引力把他想要的東西吸引到他面前，他說這不過是一種偶然。他還說，他每隔一段時間就會走霉運，那段時期基本上做什麼都不順利，但是過了那段時期就好了，下一次不一定什麼時候就又開始。在那段時間裡，他要做什麼事情時總會覺得這件事情肯定做不好，因為我現在正在走霉運，做什麼都做不成，所以說什麼「吸引力法則」，那都是碰運氣的事情！

這個人沒有發現，其實他的這段話，恰恰印證了「吸引力法則」的正確性。他自己也承認，他總是認定事情做不順利，所以事情才像他所認為的那樣發展。他自己就是「吸引力法則」起作用的一個鮮明的例子，可是他自己卻不知道。他仍然固執己見，不願意嘗試從這個怪現象中跳脫出來。甚至每過一段時間就會想：我好像又快要走霉運了。然後因為事實證明他的想法是正確的，他下一次就越發堅定自己的想法，聽不進別人的勸告。

有許多人認為，要想讓「吸引力法則」產生作用，唯一的方法就是讓自己的欲望變得強烈、堅定和持久。他們沒有意識到，強烈的信仰和強烈的欲望是一樣有效的。那些成功的人相信自己的能力，相信他們最終會獲得成功，他們不在乎路上出現的小小的困難、障礙和偶爾的失誤與跌倒，他們堅定地朝著自己的目的地前進，從始至終都堅信自己會到達目標。

在他追逐的過程中，觀點和目的地都有可能改變，計畫也會隨著環境的不同而有相應的變更，但是在他心裡他一直都相信自己會「到達那裡」。他不只是堅定地「希望」能夠到達，而是「感覺」和「相信」自己會到達，所以他才能夠獲得最多的「精神吸引力」。

而那些相信自己會失敗的人都毫無疑問地會走向失敗。誰能拯救他呢？他自己都不相信自己，別人能有什麼辦法？他想的、說的、做的每件事都沾染上失敗的氣息，別的人因為感受到這種氣息，就開始懷疑他的能力，並且會把這歸咎於他的壞運氣而非他對失敗的信仰。他自己給自己創造了失敗的條件和前提，因此他的失敗也就不可避免了。同時，他消極的想法也阻止了他大腦中那一部分本可以為他的成功獻計、獻策的工作，因為這一部分思維只為那些對成功抱有堅定信仰的人服務。

一個人的思維處在消極、沮喪的境地時，是不會閃現出智慧的火花的。只有當我們充滿熱情和希望的時候，我們的頭腦才能有效率地運轉起來，為我們創造智慧和財富。

人們有一種直覺，能夠感受到某些人被失敗的氣息所籠罩，同時另一些人則具有與此相反的氣息，也就是成功的氣息。當這些人遇到暫時的困難時，他們會這樣說：「沒關係，我們很快就會好起來的，我們絕不會被打敗。」

這種氣息是由你主導性的思想態度導致的。所以行動起來，清除你身邊的消極氣息吧！世界上沒有任何事是靠碰運氣的，而是靠一些法則維持，任何事情的發生實際上都在法則的控制之下。不信你可以試一試，隨便找一件事情來分析，到最後你就會發現，它肯定是符合宇宙間的規律的。這簡直就像「一加一等於二」一樣清楚明白。

計畫和目標、原因和結果、大到宇宙的運轉、小到一粒種子的萌芽生長，全都遵循著一定的規律。從懸崖上掉下一塊石頭並非偶然，它有可能是承受了幾個世紀的地心引力的吸引才導致的，而地心引力的存在又是由於其他的原因，我們可以一直這樣追溯下去，直到沒有原因的原因為止。

而生活也從來不是靠運氣的，也有法則在其中。不論你知道還是不知道，相信還是不相信，法則都無時無刻不在運作。你可能是那個無知無覺地生活在法則之中的人，並且因為對法則的無知或者違背，而不停地給你自己製造麻煩。或許有時你遭遇了法則的運轉，被捲入了它的洪流中，這使你的生活會變得與從前大不相同。因為不管你如何地不配合，你都無法擺脫它的控制。你有自由反對它，製造你想製造的任何矛盾，但這並不會傷到它一絲一毫，你大可以這樣做下去，直到受到教訓。

我所要重申的是：你的想法很重要，你做的一切都源自你的思維，你接受與你的思維相似的東西，抗拒與你的觀念相悖的東西，做它們感興趣的事情，對不感興趣的就不理不睬。別人也會有意或無意的發出某種思維信號，你的大腦就會自動辨別他人的與你的是否和諧。如果是，你們彼此之間就會產生一種吸引力，反之則不然，不僅不互相吸引，還有可能互相牴觸，產生矛盾。

因此，如果你的思維一向是積極、活躍、樂觀向上的，那你也會將具有同樣特質的人和物吸引過來。你的主導性思維決定了什麼會對你產生吸引力，你會和什麼樣的人做朋友或夫妻。你的性格基調日積月累變成你的氣質，而那些與你能夠產生和諧共鳴的人和物就會主動靠近你，為你造就適宜的生存環境。你會在不知不覺中被這些人影響，同樣地，這些人也會被你影響，時間久了，你們之間就會達成一致的目標，成為生活道路上的夥伴，直到你們中有一個人改變了自己的思維為止。

記住這項法則的運轉，真正地理解它，讓它成為你的一部分，並且並自覺地去遵循它，讓自己的思想保持積極、自信、敢於成功，並且在千千萬萬人中尋找到與你相似的人，並與他們達成合作，你們可以一起保持正確的思維，產生強大的吸引力，把你想要的一切都吸引到你的身邊。你一定已經被這項法則弄得頭昏腦脹了，現在首先去尋求和諧吧！

第17章 神奇的「個人磁力」

人們若活得越實際，他們就越能在抽象、含混的事情上浪費更少的精力，他們所說的大話與空話也就越少，他們的力量也就越強大。

——湯瑪斯．L．哈里斯

「所謂的真理不過是那些有權勢的人們吹出來的肥皂泡泡，懂得從科學的角度看待問題的人只會把它們當作自娛自樂的玩意兒。」

大多數就這個課題進行研究的學者都會把自己所有的精力、空閒、努力都投入到他的課題中，而他們的目的，首先是想要證明每個人的周圍確實存在著一個「磁場」，除此之外，他們還希望能用他們自己獨特的理論證明這個觀點，我們需要的證據。

實際上就在我們身邊。雖然素食主義在有些人身上效果並不理想，它讓他們的胃口「步入墳墓」，但還是有許多人把我們之中某些人所具備的奇異能力歸結於他們的素食習慣。

當然，也有另外一些人堅持說有些人具有特異的能力是因為他們獨身，而且不進行性生活，但是他們如果調查一下就會發現，實際上那些有特殊能力的人們也和大多數普通人一樣有著正常的性生活；還有人認為我們所說的「磁力」就存在於我們周圍的環境裡，它從環境和我們的體能中汲取能量，然後就像蓄電池一樣把能量儲存在我們的體內。這些說法不一而足，而每一個類似的理論都有他們自己的理論根據。

我們提到的這些事情對我們都有很大的好處，但是你稍微反省一下就能發現這樣一個事實，其實對任何人來說，在想辦法培養所謂的「個人磁力」，或是諸如此類的品質的時候，我們自己都無法產生決定性的關鍵作用。

那些研究這個課題的學者們經常只是告訴他的追隨者們事情最美好的一面：

世上所有美好的事情都有可能會發生在我們身上，只要我們能學會接收周圍的力量，並且運用它們，這些我們夢寐以求的事情就會發生在我們身上。

但是，即使是那些懂得運用這種偉大力量的人們也很難告訴我們到底該如何才能獲得它。

他們永遠只是裝模作樣的教訓我們，卻從不對教給我們的知識做解釋。他們只是這些「知識」的宣揚者，卻並非「真理」的宣揚者。他們把所有精力都投入到空洞的理論研究中，卻忽略了現成的事實。

事實上，甚至他們自己也完全不清楚這是怎麼一回事，這已經超出了他們知識所及的範圍。

真正對這門學問做出巨大貢獻，推動它向前發展的人，既不是那些專著作家，也不是那些理論家。屈指可數的研究者們做了不計其數的實驗性研究，然後認真地蒐集、記錄每一次的實驗資料，是這些人推動了這門學問的發展與進步，為我們每個人做出巨大的貢獻，他們讓這門奇妙的學問不再被人們視為投機取巧的旁門左道。他們為它奠定了堅實的科學基石。

筆者就是一位這門學問的研究者，或者我們換個更精確的說法，探索者。我曾經對這門學問進行過長期而深入的研究，現在我所做的一切也不過是試圖向我的學生們傳授一點這門學問中最基礎，但同時也是最重要的原則，雖然看似平常，這些原理卻是我自己以及我的同事在這門學問中長期思索鑽研，並且進行試驗之後總結得出的。正因為這樣，我們在進行這門課的時候主要會向大家介紹那些已經得到證明的事實，輔以教給大家那些實踐中的經驗，除非迫不得已，我不會給你們灌輸任何純理論的知識。

在我看來，如果我只是想向你們證明前面所提到的那種潛藏在我們身體裡，雖然已經得到某種程度發展，卻仍然不能被廣泛開發應用的力量的確是存在的，然後挖空心思向你們灌輸這種想法，那我簡直就是在侮辱各位的智商！如果我那麼做了，那麼我和我一直在批評的那些人也就沒有任何區別了。但是，我們還是得給這種我們夢寐以求的力量取個名字，不如，就叫「個人磁力」。

任何一位智力正常的人都瞭解磁鐵能夠改變針的磁性，X射線能夠穿透人體甚至其他更厚、更難以穿透的固體，電子訊號可以透過電路隨著電流傳遞，而現在，我們還可以透過無線電技術擺脫電纜的束縛，讓我們的訊息在空氣中自由的傳遞，而不必借助任何媒介。而對於一個智力正常的人來說，想證明我們所說的「個人磁力」的存在也是如此的簡單。

如果一個人很長時間以來就意識到這種力量的存在，那麼他每天都能在生活的各個角落中看到這種力量的作用，他也會因此明白人們眼中的奇蹟其實都是在這種力量的推動下發生的。而且，他還有可能發現自己已經在某種程度上發展出了這種力量。

因此，對這種人來說，更重要的是到底如何才能全面開發出自己體內潛藏的這種力量，同時在全面開發出這種力量後，要如何運用才能把這種力量發揮到最極致。正因為如此，我覺得我根本不必去證明這種力量的存在，我相信它是不證自明的。

另外，我還希望我們能夠避免因為對那些繁複的理論進行討論而浪費我們的精力，而且，我們都很清楚，那將會是非常乏味無趣的。事實上，我們之前所列舉的那麼多事實都已經明白無誤的向我們傳達了這樣一個資訊：

「個人磁力」的確存在，而且我們也都能實實在在的感受到它的作用。在對這些理論的態度上，我不會對你們施加任何偏向性的影響。我只想努力讓你們認清事實，然後你們可以自己結合已有的理論來分析這些事實，或者，你們也可以自己開創一門新的理論。

因為我會一直堅持我自己對這個問題的看法，所以在我們的教學過程中，我可能會在舉例或是其他做法中反映出我自己的偏好，但是，我絕不會強迫你們接受我的觀點。

你們就好比置身於一所圖書館中，到底要不要接受一種理論完全取決於你自己的想法，而最終結果所反映出來的，其實只不過是每個人世界觀的區別罷了。有些人從實踐中總結出很多重要的結果，這些結果無法用現有的任何一種理論來解釋，於是他們拋棄了一個又一個自己曾經相信過的理論，最終，他們也找不出一個合適的理論來支持他們所做的研究，因此，這些人乾脆拋棄了對理論的執著，不再教條地追求形式上的理論，而專注於對事實的研究。因為重視對事實的研究，他們一樣能做出許多重大的發現。

費了這麼大周折解釋，我們現在就要脫離理論的束縛，讓你們從實踐中收穫成果。我會努力讓你們認清我們所研究課題的整個發展進程，然後從實踐的角度教會你們怎麼去利用這種力量，至於接下來的工作就只能靠你們自己了。你們也許只能重現前人的工作成果，但是你們也有可能可以成為這門科學的專家，甚至領袖，帶領我們撥開長期以來包裹在這門科學外的重重迷霧，從迷宮中開闢出一條新的出路，讓這門科學徹底擺脫長久以來的迷信和神祕色彩。

請你記住：永遠不要相信你無法驗證的東西。

第18章 你想要什麼，就吸引什麼

以大部分人的理解來說，「個人磁力」這個術語指的是一種由我們自己所發射出的類似磁場的物質，而一切處於這個場域中的人和物質，都會在這個磁場的吸引作用下被拉到我們身邊來。這種想法雖然從整體上來說是錯誤的，但是也包含著某些真理的種子。

在我們的四周確實存在我們所散發出來的吸引性的力量，但是這種力量並非一種磁力，因為只要一提到「磁力」這個名詞，人們就會將它和電或是天然磁石聯繫在一起。

然而，事實上人所散發出來的這種「磁力」，只是在作用上表現得有些像這種物質，如果我們去分析它們的本質和起源，我們就會發現它們其實根本是完全不同的東西。

❧我們稱之為「個人磁力」的這種東西是我們思想電波，或者說思想振動，在環境中微弱的傳播，而這些振動是由我們的頭腦所產生的。我們頭腦產生的每一個思想都具有自己的強度，這些強度有大有小，而它們的強度大小是由產生這種思想時，我們附加在它們上面的推動作用決定的。

當我們思考時，我們從自己的腦中發射出一種微弱的波動，這種波動會像射線一樣自動向外擴散，而從空間上，它有可能會穿透到離我們非常遠的地方去。一個強大的思想能在強而有力的能量的支持下一直履行自己向外擴張的職責，而且它的力量足以壓倒其他人腦中本能的對抗能力，以你的思想取而代之，並且去引導其他人思想的走向。而一個疲弱的思想就沒有足夠的能力攻破別人頭腦中的堡壘，它甚至連一個入口都找不到。

當然了，如果這個堡壘的主人根本就沒有用心去守護他的領域，結果就又不一樣了。而如果我們一直堅持一種思想，我們就能一直不斷地沿著相同的路徑發射我們的「思想電波」，在這種情況下，即使是強度遠比它們大得多的思想都無法攻陷的堅壁也有可能被攻陷。這種現象在我們實際生活中可以得到清晰的驗證，而且，它也正應了那句老話，「繩鋸木斷，水滴石穿」。

在大部分時候，我們都是在自己沒有意識到的情況下受到別人思想的影響。我並不是說我們會被別人的意見所左右，而是指他們的思想會在潛移默化中對我們產生影響。

我們創造出來的所有思想，不管它們是強還是弱，是好還是壞，健康還是不健康，都會向外發射自己的電波，而它所發射出的電波其影響的範圍，或多或少都會跟我們有點關係，或者能和我們腦電波的頻率發生共振。思想電波就像我們向池塘扔一塊小石頭，在水面上激起的波紋一樣，它們會以一個點為中心一圈接一圈的向外擴散。當然了，如果我們想讓這種波紋成為某種特定的形狀，就需要在特定的點施加更強的作用力。

除了對別人施加影響力，我們的思想還能影響到我們自己，而且這種影響並非暫時的，而是會持續施加作用的。我們希望自己變成什麼樣子，最終我們就會成為那個樣子。

聖經所告訴我們的「心有所思，表於外相」這句話從這個層面來看，每個字都是很恰當的。我們每個人都是自己精神產物的作品。你很清楚只要我們願意，就能很容易地讓自己的心情變得憂鬱，反過來也一樣。

但你不清楚的是，如果我們一直按照一種方式重複類似的思考，這種思想就不僅僅會在我們的性格上表現出來（當然了，它是一定會表現出來的），而且還會在我們身體的變化上表現出來。

這個事實是很容易得到證實的，你只要環顧四周就能輕而易舉地發現活生生的例子。你過去一定就曾經注意到一個人的職業特點是怎樣滲透到他的日常行為和性格中的。那麼你是怎麼看待這種現象呢？其實這不過是一個人的思想在發揮作用。如果你換了份工作，那麼你會隨著思想習慣的改變而養成新的性格和習慣。你的新工作會為你帶來一種新的思考習慣，而「所為即所思」。

你可能從來都沒怎麼注意過這件事，但它卻是一直存在著的，而你只需要向周圍看看就能證明這件事確實存在。

一個渴望變得活力四射的人就會變得比常人更有活力；一個希望自己有勇氣的人就能變得更勇氣十足。那些堅信「我一定能行」的人們就能做到他所想做到的事，而那些想著「我恐怕不行」的人們就會落在別人身後。你知道我沒說謊。那麼，到底是什麼導致了這種差異的發生？思想，只有你的思想能做到這些。

但是，這是為什麼？，其實就是因為它不能控制自己。一個強力的思想會讓我們自然而然地行動起來。只要你是很認真地在考慮一個問題，你的行動就會自動幫助你完成這件事。

思想是這世界上最偉大的事物。如果你現在還不知道這件事，那麼在經歷過一些經驗教訓後，你就會牢牢記住這一點了。你可能會認為這對你來說不算什麼新鮮事，你會告訴我你一直都知道：想做成一件事就應該「下定決心」，或是諸如此類的說法，而且在很久之前你就已經知道這些事了。那麼，你為什麼不把這些教訓付諸實踐，讓自己親身體驗一下它的功效呢？我會告訴你癥結何在的。

我想你們先前一定以為我會就一些你們看來遙不可及的東西發表一場天花亂墜的演說，並且希望我能直接告訴你們如何能一下子就擁有無窮的「個人磁力」，而後你就有了點石成金的能力，能像撿起一根針那樣把你們所需要的人拉到自己身邊來，那麼，現在你還會這麼想嗎？

好吧！不管你們怎麼想，我都做不到這些，但是我打算告訴你們怎麼樣才能為你自己培養另外一種力量，和這種力量相比，磁力根本不值一提；這種力量能讓你變成一個真正的男子漢；這種力量能讓你感覺到上帝真的與你同在；這種力量能讓你的人格變得更加完善；這種力量能讓你獲得成功。我會告訴你們如何才能獲得你們稱之為「個人磁力」的力量，然後當你發現你獲得了這種以前未曾發現的強大力量時，你們剛學到的新知識將能讓你們明白這並非偶然。

為何你們現在就開始覺得已經變得比以前強大一點了呢？別否認，難道你們並非像我所說的那樣嗎？好了，你當然已經變得更強大了。我以前從來沒有像對你們這樣跟我的學生們說過類似的話，我以前從來沒在我的培訓班上就「我一定可以」和「上帝與你們同在」這兩句話說過這麼多的內容，哪怕他們伸長了脖子，眼巴巴地等著我給他們說點什麼，我也從來沒這麼做過。

我想告訴你們的最重要的事，就是「思想會指導我們的行動，也會在行動中得到展現」。你現在清楚問題的關鍵了嗎？我先前在你們的心中種下了自知之明的種子，而現在，它們即將破土而出。

在我結束這堂課之前，我想請你們先把注意力放到關於思想的另外一個重要作用上，思想的收斂作用。請你們一定要對這一點給予足夠的重視，把它當作最重要的重點來重視。

為了避免過於追求科學上的嚴謹，並且避開過多的學術術語，我想用一些簡單的話來解釋這個概念：思想會吸引其他類似的思想；好的思想會吸引其他好的思想，而壞的思想就只能吸引其他壞的思想，如果你感到氣餒，你氣餒的思想就會產生其他更多氣餒的想法；而這對於所有的思想都是同樣適用的。

你的思想會吸引其他人身上和它相協調的思想，然後你自己身上這種思想就得到了加強。你明白我的意思嗎？拿恐懼來舉個例子吧！如果你覺得害怕，你就會把所有鄰居身上害怕的想法都吸引過來。所以你想得越多，你就會覺得更加害怕，因為周圍恐懼的思想都湧到你身邊來了。這時候，如果你努力去想「我無所畏懼」，那麼你周圍所有無畏的思想就會來到你的身邊，讓你變得愈加無所畏懼。你可以試試看，去試試吧！不過等我們下課後再去試。而且，別去試著想可怕的事。

如果你是我在這個世界上最好的朋友，而這是我所能對你說的最後一句話，我會用盡我全身的力氣告訴你：「永遠不要害怕，也永遠不要去憎恨！」

第19章 學會運用思想的力量

我現在所做的演說，是想教會你們如何發展你身體裡的力量，並且憑藉這種力量讓自己獲得成功。我們能否取得成功主要在取決於我們能否號召起一群追隨者，並且是否有足夠的感召力讓他們一直追隨在我們身邊。

✤不管你具有多出眾的才能，如果你缺乏一種我們稱之為「個人磁力」的微妙力量，你就有可能被阻截在通往成功的道路上。看看你的周圍吧！幾乎所有成功的人都具有一種能夠吸引、說服、感召甚至控制他的追隨者的能力。

在我們眼中，他們就是「強者」。我們幾乎不可能找到一個例外的情況能夠打破這種規律，那些所謂的例外其實更能證明我們所說的這條法則。那些常被拿來作為例外來反駁這條規律的例子，往往都是些從事藝術創作、科學研究、發明創造、文學寫作等等類似工作的人，我們都認為他們的成功更多是建立在一個封閉、集中、枯燥單調的研究或是努力上，而非以奮進、激情、活力以及對於人類天性的深入瞭解和對他人的掌控為基礎的。對於他們的付出和努力而言，我們可以說他們已經獲得成功了。

但是，同樣有這樣一條規律：他們的工作成果往往都被那些頭腦與世界更加緊密地聯繫在一起的人們所收穫了。如果這些只知夜以繼日埋首工作的人們最終有幸看到他們的工作成果獲得人們的認同，和經濟上的成功，那常常都是因為有位更加實際的人為他們處理好生意上的事，並且最終把他們的作品推向人們的面前，不過，有些時候，我們會認為這些人是「狐假虎威」。

我所說的都是事情的真相，在我們的時代，金錢已經成了衡量成功的標準，而想要獲得這種意義上的成功，很大程度上要依賴我們所說的「個人磁力」，所以我們完全可以說它是「成功的播種者」。發明家、學者、作家或是科學家可以從對精神控制力的合理運用中獲益匪淺，所以他們懂得怎樣運用這種力量就足夠了，但是想成為「人上人」，還是必須學會運用「個人磁力」的作用，因為它不僅能帶給運用它的人成功，還能帶給他們許多這種成功的附屬品，金錢。

金錢，如果只把它當作一般等價物來看待，就不會具有什麼非同尋常的價值，但如果我們把它看成是通往我們身邊那些最美好的事物的路徑，那麼也許它就值得我們為之努力奮鬥了。所以說，我認為我應該向你們確認這一點，那就是：金錢，的確是值得我們付出努力來得到的代價。

那麼接下來我們所要學習的就是我們該如何才能獲得這種奇妙且很有價值的能力。我們的答案是：

你要學會掌握精神控制的法則。這不僅僅是「個人磁力」的祕密所在，同時也是我們獲得成功人生和快樂生活的關鍵。對任何人來說，只要他掌握了這條法則，世界對他來說不過就是一個等待開啟的寶箱，他要做的不過是打開這盒寶箱，然後享用裡面的寶藏。

即使是那些毅力不夠而沒能堅持對自己進行鍛鍊，最終沒能真正發展出這種潛藏力量的人們也會比普通人更強，而且要更加積極進取。也許你會說：「你所說的都很有道理，但我們到底要如何才能發揮我們的這種力量呢？」很好，這正是我現在要教給你們的。我一直在為讓你們能夠充分理解這個理論做著準備工作，而且我是循序漸進地教給你們的。因為我希望能夠自然而然的把這個理論呈現給你們明白，而非把這些知識填鴨式的硬塞給你們。

我們馬上就要開始詳細的講解這門知識的細節部分，那麼，現在，讓我們把前面講的基礎知識做個總結。

我已經告訴過你們，思想的力量在運用到感召你的追隨者和追求成功時有很多條可以遵循的途徑。我也告訴過你們，思想是如何在不同的面向上發揮作用的了。在開始下一階段的課程之前，我覺得我們最好打起精神再來總結一下我們的思想是如何以不同的方式，在不同的面向上幫助我們獲得成功、感召追隨者的。

1. 利用暗示的方法運用你積極思想的力量，以此幫助你感召別人來追隨你。
2. 引導自己的思想，讓你的頭腦按你自己的意願進行活動。
3. 思想具有互相吸引的內斂作用，所以它可以產生一種「惺惺相惜」或是「臭味相投」的效果。
4. 運用思想的力量，你可以重塑自己的性格和氣質，這能讓你更加鍥合地工作。

第20章 發揮你的心靈感召力

我們都知道許多看似具有神奇力量的人們，他們總能讓自己的計畫順利實施，但我們只是滿足於把這當作一種傳奇故事來傳誦，卻從沒想過我們要怎樣才能獲得這種能力。

當我們與其他人會晤時，我們與他們之間的心靈感召其實是一門藝術，在這門藝術中，我們以前學過的課程中所提到的精神感召的方法當然會包含在其中，那些方法中的每一種都對我們所將要學的內容有所貢獻。想要說清楚這個階段的精神感召是很困難的，我們後繼的課程恐怕也很難完全覆蓋這個課題的各個層面。

我只能提綱挈領式的為你們介紹一下這個課題的各個主要階段；所以你將會在晚些時候才接觸到它們，我會循序漸進地在每次提及時講的更加深入一點。我的意見是在完成這一系列課程之後，你們最好再把它們重新複習一遍，且要注意經常進行溫習。只有這樣，你才能把這門課程學得更加透徹，只有在釐清了所有的盲點後，你才算真正學會了這門課程，也只有這樣，這門課程才能在你身上發揮最大的作用。

當我們和一個人面對面的交談時，若想要對他產生精神上的感召力，方法是多種多樣的，但是我們可以把它們大致概括為以下三種形式，即：

1. 透過你的聲音、禮貌、外型以及眼神來引導你對別人的暗示。這裡面不僅包括我們故意做出的暗示，同時也包括我們在無意識的情況下對他人所做出的暗示。

2. 透過我們頭腦主觀意願傳遞給別人的思想電波。

3. 利用思想的收斂特性，透過我們在以往課程中所講過的，控制自己的思想，來獲得我們想要的結果。這種力量一旦開始產生作用，就能在潛移默化中改變我們，而當它演化到一定階段時，就成為了我們所說的「個人磁力」。

在這節課裡，我們只研究我們提到的第一種形式的個人感召力，其他的那幾種形式我們會放在後續的課程裡進行。

在我們有限的時間和課程裡，想對「暗示」這個課題提出一個全面而又清晰的定義恐怕會是一項非常困難的任務。如果有的同學已經對「催眠」和「催眠性暗示」具有一定程度的瞭解，那麼我想當我提到「暗示」這個詞的時候，他就能明白我指的到底是什麼了。而對於那些之前沒學過相關知識的同學，我只能說「暗示」就是一種「印象」，一種在我們有意識或是無意識的情況下，因為我們的感官所接受的資訊產生的一種印象。

我們每時每刻都在接受或拒絕來自外界的暗示，而最終我們是接受還是拒絕這些暗示，取決於它們對我們所具有的暗示性，而這些暗示性對我們的影響則取決於我們對自身抗暗示能力的培養和發展。

我們不能讓我們所說的「雙重頭腦」在我們的頭腦裡過度發展，我們把人的頭腦分成明確的主觀和客觀兩種想法，這就是所謂的「雙重頭腦」。如果我們之中的哪位同學非常渴望從這個角度來充分地瞭解自己，我想他將來一定會在「催眠」或是「催眠性暗示」這個領域有出眾的表現。

也許有的同學會問我們要講的不是如何在和別人面對面的交談中產生心靈感召嗎？現在我要跟大家說明的是我們大家都知道，我們的頭腦分為兩個不同的官能區，我們把它們分別稱之為主動官能區和被動官能區（我在自己其他的一些著述中也沿用了這種說法）。其中主動官能區主要是進行我們主動的、有意識的思考，而這個官能區展現了我們所說的「意志的力量」。

當一個人很清醒、精力充沛、活力十足而且積極進取的時候，主動官能區就開始它繁忙的工作。被動官能區則主要處理一些我們本能的、無意識的思考，而它也不會表現出「意志的力量」，同主動官能區相比，它所負責的工作是完全相反的。

被動官能區是我們身體裡最盡職盡責的僕役，它在我們的精神活動中也具有非常重要的作用，它總是包攬了所有吃重的工作，而且即使沒有任何獎勵，它也總是會很好地完成它所被分派到的任務。它總是任勞任怨，似乎從來不會感到疲勞。而主動官能區則恰恰相反，只有當我們的意願催促它時，它才會開始工作，而且它工作時所需消耗的能量要遠比它的兄弟多得多。它只從事我們的頭腦分配給它的積極的工作，而且在工作一段時間後它就會感到疲勞，然後喊著要休息。而且，當你的主動官能區在工作時，你有意無意的總能感受到它的工作進程和結果，但是當你勤勞、踏實的被動官能區在工作時，這種情況就不會發生。我想，在聽完這一段簡要的介紹之後，你就能明白這兩種官能區各自的特點了。

有些人幾乎會用他們的被動官能區去處理他們所遇到的所有問題。這種人會覺得自己去思考實在太麻煩了，所以他們更喜歡沿用別人既成的思考成果，而非自己進行思考和解決問題。他們就是我們所說的「人羊」。他們非常容易輕信別人，並且幾乎會接受別人主動傳達給他們的任何想法。這種人有許多都是軟耳根，而且他們對於更加主動的人來說，從來都是處於被動地位。對他們來說，說「不」實在是太難了，他們總喜歡說「好的」，就好像那樣要更加的容易，且不必經過太多的思考。其他的人就不是那麼容易隨波逐流了，有些時候，他們甚至會完全不理會他人的意見。但是，當他們的主動官能區開始休息時，他們就會變得比任何時候都更容易聽信別人的話。

為了讓你們能夠對這兩種官能區有個更清晰的認識，也是為了讓我們能夠全面的完成這一階段的闡述，讓我們把它們想像成一對在生意上有所聯繫的雙胞胎。他們的外表看起來完全一樣，但是卻有著不同的性格，而且他們倆都很適合他們正在從事的工作。他們會共同分擔事業上的收穫與損失。被動的哥哥負責接收貨物、填訂單、包裝貨物、保存收發貨單等等；而積極的弟弟則負責融資、外銷等等，總之在適合發揮他能量與活力的地方奔忙。但是當需要購買貨物的時候，兄弟倆都要接手。

被動的哥哥是個好脾氣，有點慵懶，從某種程度上來說是個「濫好人」，而且乏味、機械、呆板。他有點固執己見，相當迷信、頑固；然而卻很容易輕信別人，不管別人告訴他什麼他都會相信，當然了，前提是這個新鮮的觀點和他所堅持的觀點之間沒有直接的衝突。如果你想讓他接受某些激進的觀點，就只能迂迴地告訴他，而且得是一點一點循序漸進的。如果弟弟在他身邊，他會習慣於聽從弟弟的意見，而如果弟弟不在身邊，他就會選擇聽從別人的意見。如果你堅持要做一件事，他會認同你的選擇，而且幾乎會滿足你的任何要求，因他惟恐拒絕會傷害到你的感受。你想擺脫任何事情他都會幫助你，但他會竭力避免正面回絕你。如果他的弟弟不在身邊，而且方法得當，你向他推銷任何東西幾乎都會成功。其實你只需要擺出一種自信、大膽的表情，然後把你的商品拿出來就行了。你知道我所說的是什麼意思。

而積極的弟弟卻是一個完全不同的人。他很多疑、警惕，並且尤其精明，他的性格從某種意義上來講是個「像釘子一樣倔強的老牛」。他從不廢話。他覺得他有必要時時緊釘著他的哥哥，這樣才能保證他們的公司不遭受損失。而他老實的哥哥也的確總是被某些人，或是某些事「黏」住，所以似乎也的確有必要找人時刻釘著他。一旦他疏忽或是實在太忙，因而忘了釘著他的兄長，那麼必定會有事情發生。大部分時候，這個警惕心特別重的傢伙都不會輕易讓你去見他的哥哥，除非他覺得你並沒有惡意，或是他認為你不像個會算計別人的人。而如果他認為你看起來像是個想算計他哥哥的人，他就會告訴你說：「我哥哥不在」等等諸如此類的話。即使他允許你去見他哥哥了，他也會時刻注意你的一舉一動，防止你對他的老好人哥哥有任何企圖，而一旦他發現你想耍什麼花樣，他會馬上打斷這次談話，然後把你趕出去。所以建議都會提交到他那裡，他會仔細考慮這個提議，然後視具體情況決定到底要不要接受這個建議。如果他對你的存在已經習以為常了，那麼他有可能會對你不再那麼懷疑，甚至還有可能會信任你。如果他被他哥哥看得特別緊，他會感覺寂寞、惱火，而他一旦和你交上了朋友，就會常常找機會和你聊天。對於和他熟識來說，最困難的就是邁出第一步。

請記住任何人在內心深處都是渴望和別人合作的，就如同我剛才所為你們描述的，我們頭腦中不同「性格」的官能區之間的合作一樣。

但是，這和合作經營公司還是有很多不同。被動的那個人不管在什麼情況下都差不多是一個樣子，雖然有些時候他會來到台前拋頭露面，但在更多時候，他會老老實實的待在自己的後台，但是合作中大部分的變化都是由積極的那個人所引發的。也正因為如此，在合作中被動的人總是處於從屬地位，而他的搭檔也會習慣於對他指手畫腳、發號施令。這和兄弟倆的合作就不同了。

那麼，搭檔中被動的那一方該怎麼辦呢？要知道一個桶子中所能裝的水，其高度永遠不會高過它縱深最短的地方（木桶定律）。這個道理放在人身上同樣適用，所以我們的辦法就是找出他最薄弱的弱點，然後把所有攻擊的矛頭都指向那一點；你很快就會發現最重要的事情就是躲避你積極而且過分警惕的搭檔的質疑。你會發現想做到這一點有很多種方法，而我們要做的不過是找出最好的那一種。如果一條路走不通，那就換一條。只要你堅持下去，你就能贏得最終的勝利。

第21章 一點世俗的智慧

你應當學習傾聽的藝術，因為這是這個世界上最有價值的成就之一。許多人都是因為善於傾聽而獲得高位的。

在之前的課程中，我將個體思維的兩種職能比喻為一個企業中的合夥兄弟。為了更方便的解釋，我將會繼續使用這個比喻，因為它還是非常恰當的。

這個積極的工作夥伴是一個「特別的」老員工，需要適當的遷就和小心的對待。在某種程度上，他會被談話、外表、禮節、音調、眼神等細節所影響。每個工作夥伴都有他自己的品味和喜好，雖然他們也有一些共同的特徵。就拿談話來說，我們應該瞭解什麼話題是他感興趣的，而非喋喋不休。給老前輩一個機會。你只要說到讓他對這個話題產生興趣即可，然後保持安靜就夠了。

傾聽的藝術是非常重要的。有一個關於湯瑪斯．卡萊爾的古老傳說：

某天，有個人拜訪了卡萊爾，他就是一位善於傾聽和懂得迎合別人的人，他說到一個卡萊爾感興趣的話題。接下來，卡萊爾滔滔不絕地講了三個小時，沒有給這位拜訪者一次插話的機會。當最後這位拜訪者起身告辭時，他親自把這位客人送到門口，以一種出奇的好心情向他道別，說：「有機會再來吧！和你聊天非常愉快。」你看到了嗎？

因此，要專心傾聽你的老員工的談話，表現得就好像他所說的每一個字都比金子還珍貴，但是卻不要輕易被他的言論說服。雖然你傾聽了他的話，但是絕不要讓那些話給你留下深刻的印象，否則，你消極的工作夥伴就會聽命於他。要讓自己保持積極樂觀的心態，而不要消沉，因為在那個人陶醉於他自己滔滔不絕的廢話中時，你需要說點什麼來讓他徹底放鬆警惕。你需要用各種方法來培養自己有關聆聽的藝術。

至於你的外表，我希望你能夠使自己的穿著打扮既不要太刺眼，也不要太暗淡。盡量讓自己保持中庸。你應當特別注意避免因為自己的服飾而吸引到不應有的注意，不管是因為它的樣式還是它的材質。

你應當使自己看起來簡單，但又乾淨整潔。不要戴著一頂破舊的帽子或穿著一雙骯髒的鞋子出現在別人面前。如果你這麼做了，再漂亮的衣服也穿不出好的效果。盡可能穿著優質亞麻布料製的衣服，因為這種布料讓你看起來像個貴族。不要使用濃重的香水。對大部分人來說，這種行為都是令人厭惡的。我們甚至沒有必要專門向你強調自身清潔的重要性。

對於大部分的客戶來說，即使他們自己這方面做得並不妥當，這也是吸引他們聽你說下去的一項重要先決條件。

在談話時，你的語氣聽起來應該顯得歡快而愉悅，但請你千萬要拿捏準確，別讓別人感覺你很輕浮。當然了，你也必須有所保留。在和客戶交談的過程中，毫無疑問地，你應該時刻控制自己的脾氣。憤怒並不是力量的展現，相反地，那是軟弱的表現。而一個憤怒的人總是會讓自己陷入到不利的環境之中。

✤你應當變得無所畏懼，不要為物質上或道德上的枷鎖而束縛。這樣堅持下去，你才有可能獲得非同尋常的品質。如果你很容易急躁，或是常常因為害怕而放棄自己的目標，或者總是為不必要的事情而擔憂，那麼你應該著重去學習我們關於性格塑造方面的課程，並且來改變這些缺陷。

你和別人交往時應當做到不卑不亢，但是同樣的，你也應當學會讓別人體會你對他的喜愛。如果你現在做不到這一點，那麼你無論如何也要想辦法培養自己這方面的能力。

因為在你試圖和別人交朋友，或是想要贏得你的夥伴的好感時，這種能力具有不可替代的重要性，雖然從表面上你也許覺察不到這一點。如果你能夠在腦海裡時刻牢記：「我這樣對你，是希望你也能這樣對我」這條信念，而且又在實際行動中確實做到這一點，你就能夠掌握這項寶貴的技能。

❧努力讓自己的聲音聽起來能讓人感覺很舒服。說話的時候既不要讓你的聲音聽起來含混不清，也不要太大聲讓人覺得你很粗魯。比較恰當的作法是用清晰的聲音和別人交談，同時和別人保持適當的距離，以保證你不用太大的聲音說話，別人也能聽清你在說什麼。

如果對方大呼小叫地和你說話，你就更應該把自己的聲音放低。那麼，漸漸地，他就會放低聲音，跟你用同樣的語調交談。與此同時，這也是與那些情緒亢奮，或是想要用聲音上的優勢鎮住你的人們交談的一個不錯的方法。如果你遇到了這種情況，務必要控制好你的情緒，保證自己的聲音平靜低調。用不了多久，你就會發現他（當然，也包括她）的聲音將會平靜下來，而且，隨著他聲音的漸漸降低，他將會為自己之前的所作所為感到羞赧。那麼，恭喜你，你贏得了這場戰爭。儘管去試試吧！聲音中的學問可大著呢！最讓人舒服的聲音就是溫柔的聲音，溫柔的聲音可以贏得許多戰爭。讓你的聲音委婉地表達你想要傳達的情緒吧！這也是一種給出建議的好方法。做一個成功的勸導者，必須要學會有效地使用自己的聲音工具。

此外，更重的是：你應該努力讓自己成為一個坦誠、直率的人。大部分人都會喜歡這一點的。在你和別人交談時請務必保持認真的態度。首先，這能夠抓住正在和你交談的人的注意力。其次，它對於你提供給談話者的想法是一個強而有力的補充。正因為如此，它能夠讓傾聽你的人更容易接受你的建議。堅定、誠懇、像個男子漢一樣去跟別人握手。沒有人會喜歡跟一隻疲憊軟弱的手握手，當然，你自己也不例外，永遠別忘了這一點。如果你現在跟人握手時還做不到這一點，馬上開始練習，直至你也能做到這些為止。把每個人都看作是你女朋友那個腰纏萬貫的父親，然後你跟他們握手時就不一樣了。

在你跟別人握手時，請用心注視他的眼睛。關於眼睛的力量，我們會在下一章中進行更深入的闡述。但是我希望在現在就能夠讓你們瞭解到它在一次成功的握手中的重要性。只有你的眼神足夠到位，你的握手才算成功。

如果你們發現自己缺乏我們上述所提到過的某些成功的必備條件，並因此而對自己感到失望的話，那大可不必。要知道，只要你願意克服困難去追求它們，那任何才能都是你的囊中之物。

還有一個影響別人（包括我們的「積極的工作夥伴」）的重要工具，那就是眼睛。誰還不瞭解眼神的力量？誰還不知道如何運用眼神與別人打心理戰？還有如何影響別人，甚至影響低等的動物？如果你的答案是肯定的，那麼我們的課程就對你有用。我將要用下一章來闡明這個問題，如何使用眼睛作為影響他人的工具，如何吸引別人對你的重視，以及如何避免被別人的眼神所影響。

第22章 眼神的力量

眼神是影響別人最強大的力量之一。它不僅能使你獲得與你談話的對象的注意力，從而使對方更容易接受你的意見，而且它本身也是一種力量。當它被恰當地運用時，它能夠表現你堅定的意志，從而給對方留下深刻的印象。它可以吸引住你「積極的工作夥伴」，從而給你一個機會和這位平易近人的兄弟好好談一談。

掌握了精神控制法則的人，其眼神將會成為一種強而有力的武器。眼神可以給你身邊的人以強烈的心靈震撼。你應該聽說過人類的眼神對野獸和野蠻人的力量，也應該遇見過那種看起來一眼就能看穿你的人，他們的直視幾乎是令人難以忍受的。

在我們的下一堂課中，我會給你一些練習，使你學會怎樣獲得一種重要的個人魅力，吸引別人的目光。而在這一課中，我會假設你現在已經獲得了這種強大的人格魅力。

在與別人的談話中恰到好處的運用眼神交流，會使你向別人施加一種類似於催眠術的影響力。這是經過訓練的眼睛發出的目光，給與你近距離對視的人帶來的強大的心靈震撼。

當然，每個人都會被環境所影響，要應對的場合也不盡相同。要提出一個放之四海而皆準的指示是很困難的。這就要求你在掌握我們所教的這些基本原則的基礎上，根據情況的不同隨機應變、靈活運用。

在一次交談開始的時候，最重要的事情是你要自然地直視對方的眼睛，以一種堅定和平靜的眼神。你並不需要目不轉睛地盯著他看，但你的目光必須不能游移不定、躲躲閃閃。因為堅定的眼神暗示著堅定的意志力量和全神貫注。

在談話的過程中，你可以改變目光的方向，但是當你要提出某種觀點、提議、要求，或者你想要引起對方對你的話的重視時，你必須向他投射以堅定的凝視，直視他的眼睛。這一點非常重要，萬萬不能忽視。你談生意時，要以一種認真誠懇的目光來保持對方的注意力。如果你想要有任何要求，就要先有一種莊重、誠摯的姿態，保持與對方對視的目光，同時帶著一種他會按照你要求的去做的期望。不論用什麼方式，都不要讓他與你意見相左。你必須抓住一切機會來保持他的注意力。一旦你吸引了他全部的注意力，那麼他那個「積極的工作夥伴」就會沉浸其中而無暇反對他溫和的兄弟了，而後者就會逐漸靠近你，傾聽你的見解。但是如果你的談話對象總是躲避你的目光，我們也有辦法重新獲得他的關注，那就是你也向別處看（但要一直用餘光注意著他的一舉一動），一旦他發現你在看別處，他就會忍不住偷偷瞄你一眼。你要留意他的視線，一旦你發現他的目光轉向你，你就馬上轉過來看著他，用銳利、堅定的眼神盯著他的眼睛，並用自己的意志力去拴住他的目光。這時，就是一個進言的好機會，因為現在正是他處於被動的時候，從心理學上來說，這時提出要求和建議是最合適的。

如果上述這些辦法還是不能讓他的目光被你牽引，那麼你可以想辦法找一些東西拿給他看：表格、圖片或者其他和話題相關的東西。你會發現，當他看完你拿給他的這些東西之後，他就會抬頭看著你，這時你就要抓住他的這個目光，不失時機地盯住他，並且提出你的看法。

如果在一次談話中，你能吸引住對方的注意力，使他的視線一直集中在你身上，那麼你或多或少都會影響到他。除非那個人也學習過這種課程，那你就很難影響到他了。但這是機率非常低的事情，在這裡，我們完全可以不考慮這種情況。你會發現對方開始發覺你對他的影響力了，出於自我保護意識，他有可能要試圖結束你和他的談話。在這種情況下，你絕對不能答應他，因為你已經成功的向他施加了你的影響力，必須乘勝追擊。直到你得到了想要的結果，你才能起身離開。

與此同時，我們還要提醒你一件事情。既然你已經認識到了眼神的強大力量，知道在一種有磁性的眼神的注視下，人們往往無法冷靜應對，那麼如果別人也知曉了這一祕密，並且把這種手段拿來用在你身上，這時該怎麼辦呢？當你發覺有人試圖用眼神的力量來影響你時，你必須保持一種積極主動的態度，向自己強調這樣一句話：「我很強大，不會被別人所影響。」這種態度可以保護你，同時你必須要以其人之道反治其人之身。如果有人要向你提出他的想法，在談話中不要讓他一直抓住你的目光。你可以假裝不經意地避開他的目光，裝作正在思考的樣子，從而自然而然地把目光移向別處。這樣可以使你有時間把他施加給你的影響反彈回去，使你得到平衡。如果他想提出建議，不要看他的眼睛，只管看向別處，裝作你在思考他說的每一句話。如果被他捕捉到你的目光，並且乘機提出要求時，你先不要做出任何回答，把你的目光移開，然後考慮一分鐘，使你避免被動。如果你要給出否定的回答，那麼務必以一種積極的態度去直視他的眼睛，冷靜而堅定地說「不」，當然一定要有禮貌。

要對任何試圖利用心理攻勢來提要求的人心存警惕，因為很多危險都是因為心理戒備不夠才造成的。要讓你「積極的工作夥伴」行動起來，別留有餘地讓你「消極的工作夥伴」聽從對方的任何一句話。

如果很習慣聽從對方的意見，你就要靠自己積極的行動來加以阻止。在談話中，有所要求的、目的明確的一方通常是一個積極的因素，而另一方就或多或少處在消極被動的位置。而且他的傾聽越是專注、認真，他也就越被動。主動總是比被動更有力量，所以無論什麼時候，一旦你處在了被動的位置，那就要提高警惕來保護自己不被別人的力量左右。

你應當學會以一種認真、積極、堅定的態度向別人提出要求或建議，你的聲音表明你希望對方能聽取你的意見，你的思維要相信你一定能成功的說服對方。若是你還缺少某些必備的能力，那我建議你聽從一些專業人士的意見，並且好好進行一些相關的練習。你從中得到的經驗會使你受益終生。

在這種書面的講解中，我們很難形象地描述有關動作、聲調之類的具體規範，因為這些要在課堂上進行親身示範與現場指導，才會收到滿意的效果。如果你腦子裡對於「自信」、「誠懇」兩個詞有一個清晰的認識與理解，那你已經基本上抓住了我所講的所謂「恰當的態度」的精髓所在。

第23章 有魔力的眼神

所謂「有魔力的眼神」，是指那種由神經與肌肉都訓練有素的眼睛所發出的堅定不移的眼神，這種眼神能夠表達一種強烈的精神意願。關於精神意願的產生。在這裡我們來講一下關於眼睛本身。以下幾種練習是非常重要的，我相信大家都會認真地練習。透過下面的練習，你會掌握一種讓別人都無法忍受你的凝視的眼神。這是一個非常有趣的練習，隨著練習的不斷深入，你在與人交往時將會發現你的眼神力量變得越來越強大。你會發現在你的凝視下，別人會變得緊張、呼吸不暢，如果你繼續凝視他們，他們甚至會表現出畏懼的情緒。

一旦你掌握了這項技能，你離成功也就不遠了。你不能僅僅滿足於下面這幾項練習，而是一定要在與別人接觸的時候實際運用它，並記錄下每次的結果和心得。只有在與人交往時實際去運用，你才能獲得真正實用性的有價值的經驗。

【練習】

練習一：

找一張大概六英吋寬的白紙，在紙的正中央畫一個一枚銀幣大小的圓圈，然後將圓圈塗黑，使這個黑點與白紙區分開來。然後把紙黏到牆上，高度與你坐著時視線的水平高度一致。把你的座椅放在屋子的正中央，正對著這張紙坐著。凝視紙上的黑點一分鐘，保持視線的穩定，盡量不眨眼睛。然後在休息一下眼睛後再做一次。再休息一下，再做一次。一共做五次。保持座椅不動，把這張紙向右移三英吋。你還是身體朝向正前方，在頭不偏轉的情況下，將視線投向那個黑點，看一分鐘。將這一步驟重複四次。

之後，再把那張紙拿回正中央，再朝左邊移三英吋，還是像剛才一樣凝視黑點一分鐘，同樣重複五次。接連三天都這樣練習，然後把凝視的時間延長為兩分鐘。再過三天延長到三分鐘，一直這樣練習下去，每過三天都把時間增加一分鐘。有的人能夠一直練到保持凝視二十到三十分鐘，期間既不眨眼，也不會分泌淚液，但是我認為能夠做到十五分鐘就已經足夠了，因為十五分鐘的凝視就和三十分鐘的凝視力量相當了。

這個練習是極重要的，如果按照這要求做了，你就可以在與別人談話的時候毫不畏懼且堅定不移地凝視著別人的眼睛。這會傳達一種強烈的具有控制力的信號給對方，基本上很少有人能夠忍受這種凝視。狗和其他動物在這種凝視下會感到恐懼。這個練習的過程可能非常枯燥乏味，但是為此付出時間和精力的人會收到應有的回報。如果你正在練習催眠術，你會發現這種凝視對你很有幫助。

練習二：

這個練習可以作為第一個練習的補充，它可以增加多樣性，減輕第一個練習的枯燥，並且使你看著別人時不感到尷尬。站在一面鏡子前，盯著鏡子裡你自己的眼睛，用我們在練習一裡提到的那種方法逐步延長時間。這種練習可以使你不會畏懼別人的凝視，同時還學習到眼神的各種表達。在你自己的眼神的凝視下，你可以看到在被別人凝視時，一般人的表情和眼神是怎樣變化的。要系統地做這個練習。

有些專家認為這個練習應該放在上個練習之前，但是我覺得把二者結合起來做效果是最好的。

練習三：

筆直地站立在距離牆三英尺的地方。把你的那張紙放在正前方，黑點正對著你的眼睛。把你的視線固定在黑點上，然後向旁邊轉頭，視線不要移開。這個練習就是讓你的頭部偏轉，但視線卻不偏轉，這樣就使你眼睛周圍的神經和肌肉得到了適當的鍛鍊。做這個練習時剛開始要比較溫和，以防止眼睛疲勞。

練習四：

背靠著牆站立，和另一面牆面對面，視線快速地從一點轉移到另一點，左、右、上、下、之字形、環形等等。如果眼睛感到了疲勞就停止，最好的結束方法是盯著一個點看，可以使眼睛在做過上面的練習之後得到放鬆。這一練習仍舊是在鍛鍊眼部的神經和肌肉。

練習五：

在獲得了一種堅定的眼神之後，為了有信心，你最好說服一位朋友讓你在他／她身上練習凝視別人。請你的朋友與你面對面地坐在椅子裡，然後平靜、堅定、持久地盯著他／她的眼睛，並且要求他／她盡可能長時間地與你對視。你會發現他／她很容易就放棄了，當他／她說「我受不了了」的時候，他／她幾乎就已經被你催眠了。如果你也學習過催眠術，那他／她能支撐的時間就更短。你還可以在小貓、小狗或其他動物身上來練習，要保證牠們待著不動，然後你就凝牠們的眼睛。一般情況下，牠們一定會走開，或者轉過頭去，避開你的視線。

當然，你應該明白堅定、平靜的凝視和放肆無禮的凝視之間的不同。前者表明一個人精神力量的強大，而後者表明一個人的無賴面目。

剛開始的時候，你會發現你的凝視讓與你接觸的人感到手足無措，甚至在你的注視下感到非常尷尬，他們會緊張和慌亂。但你很快就會習慣自己這項新的武器，慢慢學會適當地運用它，在使用的時候也不會再讓別人感到尷尬。

還有一點我要提醒你，那就是不要對別人說起，也不要和別人討論這種「有魔力的眼神」，更不要在好朋友以外的人面前做這種練習。因為別人一旦知道了就會對你有所懷疑，從而在你試圖影響別人時帶來很大的阻力。

保守這個祕密，讓你的力量藉實際行動表現出來，而不是透過自我吹噓。除此之外，還有神祕的原因讓你必須要對這個祕密守口如瓶。如果你對我的提醒置若罔聞，你以後一定會後悔的。

拿出時間來好好做這些練習，不要拖延每天的計畫。跟隨自然的法則，一步一步、腳踏實地地去增強自己的力量。

第24章 揮發性的力量

在之前的課程中，我已經向你們解釋過為什麼在一次談話中，透過提建議等等方式，一個人會對另一個人產生吸引力。一個人對另一個人產生影響還有另外兩種方式，一種方式是思想的內斂性的影響，第二種就是揮發性的影響。

意識力量的這兩種顯現方式有一個明顯的區別：對於內斂性的力量來說，一旦有了這種感情投入，它並不是刻意透過一種主觀的努力去影響對方，而僅僅是認真深入地思考一件事情，就可以使別人的情感受到影響。但揮發性的力量卻是發出者有意識地運用自己意志的力量，向對方施加精神電波，直接作用於具體的事情上，當動作發出者停止施加影響，電波也就消失了。

我沒有辦法找到一個通俗的名詞可以特指這種形式的思維力量，我也不想用「意志的有意識的力量，能產生精神電波，可以作用於一個既定的客體」這種生硬的語句來定義它。但為了便於表述，我不得不找一個詞來給它命名。所以，從此以後我就用「揮發性的力量」（volition 原意為飛行）來指稱上面定義的那種事物，而「揮發性的力量」則是自然界最有效的力量之一，但卻幾乎不被人重視。有些人感覺到它的功效，卻不明白它的產生和發展。如果一個人願意為此投入時間和精力，那麼透過訓練和實踐，它是很有可能獲得大幅度的提升的。

想要恰當運用「揮發性的力量」，就必須要瞭解有關人的意志力的一些規律；要瞭解有關人的意志力的規律，首先就要瞭解人究竟是什麼樣的狀態。

可能有很多人認為，人的「自我」就是一個肉體的實際存在，就是我們的身體。這是唯物主義者的觀點。還有一些人認為人的身體是受靈魂支配的，人的靈魂就在大腦裡。這種說法有一部分是對的，但只看到了其中一部分。

還有一些人認為在人的身體裡有一個「超我」存在，這個「超我」指示著人們的所作所為。而真正的「自我」要超出精神許多，正如精神比肉體要超出很多。肉體和精神都是它的下屬，都在它需要的時候為它所用來完成工作。

- 「自我」是你在幻想和反省時所認識到的那個自己。我們每個人都會在某時某刻意識到它的存在，但卻對它缺少足夠的重視。

現在，放下這本書，坐在椅子裡放鬆全身，讓頭腦冷靜下來，然後靜靜地想一想這個問題：「我是個什麼樣的人」，盡力勾畫出一個真正的自己，超越思想和肉體的「真正的自己」。只要你將身體和精神都調整到最佳狀態，你就一定能感知到真正的「自我」。要經常這樣做，這樣才能使你逐漸認清自己。

- 沒有什麼會損傷或毀滅真正的自我。

身體和精神都會變化，但是你的本質卻不會因為任何原因而改變。它是很強大的，一旦你瞭解了它的力量，你就變成了另外一個人，就獲得了不可知的能量。

由於整個課程篇幅和教學目的的限制，我不能用太多語言來講述這一點。但這一點的重要性是需要很多篇幅才能講得清楚。在這裡，我真誠地希望能夠喚起你們十二萬分的注意，一定要引起你們對它的重視。

你要把這樣一個信念種在心裡：

這個「自我」才是你真正的自己。當你明白了這一點，你也就明白了人生的祕密。我將種子種在了你腦中，它會生根發芽，開出美麗的花朵，芳香勝過你平生所見。當它伸展開葉子，露出動人的花朵時，你將會知道你找到了你自己。

當我們提到「意志」一詞的時候，我們所指的其實是一種個人「自我」的顯現。我們說「培養意志」，其實是說要培養我們的精神去認識和服從意志。意志本身是很強大的，不需要特別去「培養」什麼。這種說法可能聽起來不太符合常理，但事實確實是這樣。一股強大的意志的電流會隨著身體的「電線」傳送出去，但在開動精神機器之前，你要先學會控制電路的開關。

人透過不同的途徑思考。一種思考的方式是「消極的思考狀態」，它比本能的思考要高級一些，它是「自行思考」的，它的產生不需要或只需少量的「揮發性力量」。另一種是「積極的思考狀態」，它是由思考在意志的控制下所發出的要求。在這裡，我只是想引起你對這個問題的重視，至於更為具體的應對措施我現在還不講，因為我希望你知道得更深入。現在我的主要任務是要教會你們「怎樣」而不是「為什麼」，因此我不想把話題扯得太遠。人將「積極的思考方式」使用得越多，思想就會越強大有力。反之，越使用「消極思考」，思想就越軟弱無力。懂得精神控制法則的人因此就處在了一個非常佔優勢的地位。

各種各樣的思想都是由大腦發出的，從個人發出的「頭腦電波」會影響到他周圍的人。根據每個人意志力的不同，對別人的影響也就不一樣。消極思考沒有積極思考的影響力大，但消極思考若不停重複，也是一種強而有力的力量。

為了使精神電波對別人的思維產生直接的影響，意志的努力是非常重要的。努力的越多，影響就越大。

第25章 直接影響力

本質上，個人影響力因人而異。從廣義上來講，我們可以說每個人都具有一定程度的影響力。有很多人在此方面已經達到很高的水準，雖然他們往往是在無意間習得，或者他們自己也不知曉自己有如此巨大的能耐，但更多這樣的人卻坦誠他也無法解釋自己為何會對別人有如此大的影響力。他們知道自己具有這種能力，卻不知曉其實質及其規律。

拿破崙就是一個擁有超凡個人影響力的傑出例子。他成功地讓成千上萬的人聽從他的指揮，把他的意志當成他們自己的意志，為他拋頭顱、灑熱血。如果不是滑鐵盧戰敗，拿破崙只差一步就能創造一個巨大的奇蹟了。從他的言論中我們可以得知，至少他對自己所擁有的這樣強大的能力有一點點瞭解，並且充分地發揮了其作用。後來，拿破崙由於他沒有看清這種能力產生的來源，忽視了其規律，試圖濫用這種能力，因此最終導致了他的失敗。

你應該注意到了，所有的成功人士都有這種強烈的「自我」意識。他們自信，總感覺自己能得到幸運女神的眷顧。他們就像拿破崙一樣，感覺自己擁有一顆「幸運之星」。這就是本能的「自我」意識的表現。他們意識到了自己對他人的影響力，並且將其發揮到極致。對權力、名譽和金錢的渴望驅使著他們本能地去利用「自我」的強大力量。

而很多人，雖然意識到了「自我」的強大力量，他們中有些人也懂得其規律，卻不願將其用在追求物質利益。他們擁有這種影響他人的能耐，但卻全沒有這種欲望和野心。他們滿足於既有的一點物質享受，而不願承受所謂的成功或操縱他人所付出的「代價」。

很多人雖然掌握了這種神奇的影響力，卻對名利錢財等事物嗤之以鼻、不屑一顧，認為這些並不值得他們去追逐，而情願將這種影響力用於他們所認為的更值得追求的目標上。他們相信，「名利和錢財，一切都是虛幻，萬物皆虛幻」，因而嘲笑「世人的愚蠢」。俗話說：「有得必有失」，這道理似乎放之四海皆準。財富、名譽和地位並不一定就意味著幸福。俗話說：「高處不勝寒」，「再美的玫瑰也是帶刺的，萬事沒有盡善盡美」，此話千真萬確。

然而，我並不打算就人生說教，我也不想將話題引到道德問題上。每個個體都必須自己做選擇，沒有人能代替你做決定。但我所要說的是，無論你做什麼，都要把它做對。

要想做成事只有一種辦法，那就是將全身心都投入地去做。你必須「把握好前進的方向，更重要的是：不要回頭看」。選擇好你的目標，清除前進道路上的荊棘，然後朝著目標出發。要達到你的目標，你必須時時保持強烈的欲望和動機，保持對真正的自己，「自我」清醒的認識，以便在實現目標的過程中，你能發揮好所謂的「意志力」的作用。

第25章：
直接影響力

我將影響力定義為「像任何波動一樣產生振動，並在他人身上產生有回應的、有意識的意志行為」。這種振動通常是短波形式。例如在近距離與人交往時對人施加影響的，也可能是長波的振動形式（通常稱「心靈感應」）。第一種形式很普遍，我們都見識過。第二種形式卻很罕見，而有這種感知能力的人卻又無法解釋這是如何產生的。

然而，有很多比我們想像中要多更多的人，正悄悄地練習這種能力。在心靈感應、思想溝通和讀懂人心時，我們能看到一點影響力的痕跡。但是只有對其一知半解的人才會經常向人展示這種能力。我認識好幾個在這方面有很高造詣的人，他們絕不會在別人面前展示這種能力，除非是在幾個很要好，彼此都很默契，並對此都很有瞭解的朋友面前。他們對這種影響力的實質瞭若指掌，不願以此向人炫耀而降低其自身的影響力。他們自己知道自己有這個能力，卻不期待別人去信服自己。他們滿足現狀，不希望有所改變，不同意向公眾展示他們這種神奇的能力。因為他們認為，時機還未到，一旦公之於眾將導致人們濫用這種能力。

獲得這種影響力最基本的前提是要意識到真正的自己，「自我」的力量。你對它的認識越全面，其力量就越無窮。我無法給你專門的指導，告訴你如何獲得這種認識。你必須自己去感覺它，而非去推理思考。你不用懷疑自己的感覺是否正確，你的感覺會告訴你一切。我所能告訴你的是，如果你能達到這種認識，你將感覺你的軀體只是一具外殼，一具暫時包裹著你的外殼，而不是真正的你。你和你的軀體是兩個獨立的部分，並不是一體的。雖然你暫時被你的外殼包裹著，但實際上你卻凌駕於你的軀體之上。你會意識到，你的思想意識也不是你，而只是真正的你的載體，而且你的思想意識並不完美，它阻止了真正的你的完全表露。

簡而言之，當你用「自我」去思考或言談時，你就意識到了真正的你的存在，並能感覺到一種嶄新的自我意識正增長於你的內心之中。這種認識可能很微弱，但是在你的鼓勵下，它會不斷增長，並且在增長的同時，不斷向你的思想意識提供更好的發展試驗，以證明它的存在。這就是「對於已經有這種認識的人，這種能力將不斷增長，而對於沒有這種認識的人，連這僅有的這種能力也會消褪」的例子。在某些人身上，對這種影響力的注意會喚醒對這種影響力的認識；某些人卻需要更多的時間去思考，才能慢慢喚醒這種認識，而有些人卻永遠也達不到這種認識。

對此我要說，或許現在還不是你形成對這種影響力的認識的時候，但是這種認識的種子已經播下，在適當時它就會自行發芽成長。我現在所說的你可能會覺得荒謬至極，但是總有一天你將不得不承認我說的都是正確的。對那些已經有喚醒真正的自己的跡象的人，我要說：「保留這點跡象，它會像睡蓮一樣自然地逐漸展開。」已經形成的影響力是不會消失，也不會保持靜止不變的。而對於那些已經形成對這種影響力的認識的人，我所要說的將會更多，但不是在這裡。

注意力的練習，能幫助真實自我的形成和發展。在你集中注意力時，「自我」的思想會慢慢發展膨脹。

在個人交往中，對他人影響力的練習，你只需從思想上去支配他人，要知道你這樣做是對的，同時要全心地、專注認真地期望他人會聽從你的支配。，在整個過程中要達到預期的效果，真摯的期望是必備的要素。如果你不能全心地、專注認真地去期望，那你就不能取得預期效果。當你完成整個課程後，你就會知道為什麼必須要全身心地去期望預期效果的取得了，這我將會在之後的文章中講到。

但請別期待你能僅僅依靠你的意志力和期待，就能讓任何一個人按照你的期待行動。只有當這個人的思想沒有抵抗、不具有和你的影響力相媲美的神奇的「沃利奇能力」（volic force）和「自我」的意識時，你才能達到你想要的效果。很不幸地，有些人雖然具有微弱的這種能力，卻只能被他人的影響力影響，成為聽他人命令行事的人，是任他人操縱的木偶。也有些人擁有更強的這種能力，並且正在使這種能力不斷增強，直到他達到更高的層次。

然而，我要說，透過不斷的練習和與他人的來往，你會獲得一定程度的成功，至於成功的程度，這完全取決於你和對方的「能力」的對比。試過幾次後，你就會理解這句話了。不要遲疑猶豫，馬上開始練習這種思想影響力吧！透過練習，你將會不斷提升，只有透過實踐，你才能更輕易地消化和理解我所說的。你還記得那個不會游泳的小孩嗎？只有當他相信他會游泳並不斷嘗試，他才能學會游泳。

同樣地，你只有在人際交往中透過前面所說的自我暗示法，才能運用這種影響力。按照注意力這一課所給出的練習做，你自然能夠集中你的期望的力量。在下面的內容裡，我將詳述為何這種神奇的能力不能用於作惡或是傷害他人。但我想現在是時候警告你們這種能力不可濫用了。濫用這種能力，不僅從道德上講是錯誤的，還會給濫用者自身帶來不利。如果堅持這麼做的話，將會是自毀前程。

因為，你雖然可能成功一時，但最終還是免不了失敗，理由很難解釋。但我希望讀者能夠注意並記住我的警告。將此影響力用於合法的商業利益或福利事業，但必須保證不會損害到受影響力作用的人的利益。你可以利用你的影響力，使他人與你做生意，如果你能公平待人，那就不是濫用你的影響力。但如果你利用你的影響力去詐騙和欺騙他人，或是對他人造成危害，那你就犯大錯了，終有一天你會嚐到惡果的。我所說的並不是來世的報應，而是今生的懲罰。

記住，「種瓜得瓜，種豆得豆」。當你的影響力達到極高的層次後，你就不太可能利用它作惡，因為你新獲得的這種能力將會使你本能地抵抗這種作惡的念頭。然而，在這世上有極少數人，像撒旦就將其強大的能力用於作惡，像這種人的結局注定是極其不幸和悲慘的。他們就是墮落的天使。

要增強這種影響力，最好是多進行注意力的練習。但是對某些第一次嘗試的人來說，透過幾個簡單小測試以增強自信心是很有必要的。為此，我特意增加了幾個小練習，後面還會有更多的練習。先嘗試幾個小測試，然後慢慢地再嘗試更難的，所謂熟能生巧，不斷練習才會不斷提高。

要我說，當你用你的意志力影響某事時，不要以為你必須皺眉或握緊拳頭。這種能力源於安詳平靜的心境，冷靜、熱切的渴望和期待會實現的信念。熱切的期待就是成功的祕訣，很快你就會找到訣竅。即使失敗了，你也不要灰心喪氣，只要堅持，你就會達到目標。

【練習】

練習一：

當你走在街上時，將注意力集中到你前方的人身上。保持你們之間的距離在至少六～十英尺，更遠點也可以。目光堅定、熱切、一動不動地盯著他的後腦勺和後頸看，想像他會轉頭朝你的方向看過來。要練到好，你需要幾次這樣的練習。但是當你掌握訣竅後，你就會驚奇地發現自己居然能對那麼多人產生影響力。女性比男性更容易受別人的注視影響。

練習二：

當你在教堂、劇院或音樂會上時，用你的眼神緊盯著坐在你前排的人，你倆的距離應保持在上一練習的要求內，想像他會轉身去尋找你的目光。你將看到，他開始坐立不安，看起來很不舒服，而後稍微轉過頭來，迅速朝你的方向望上一眼。如果對方是你認識的人，這效果會更好。你們之間越熟悉，這個練習所需要的時間就越短。在這兩項練習的基礎上，你可以靈活地將其改編成很多不同的小練習。原理都是一樣的，集中精力的注視、熱切強烈的期望和意志力是產生預期效果的關鍵因素。當然，你會知道，你所集中的意志力透過注意力那一課給出的練習將會得到提高。如果你發現很難取得上文所說的效果的話，那就是你的注意力還未發展到這程度，因此你還需要在這方面勤加練習。

練習二：

當你坐公車時，選擇一個坐在你斜對面的人作為目標。眼睛直視前方，好像你是在盯著別人看，用你的餘光盯著他。在心裡向他發送命令，期望和想像他會朝你的方向看。如果你應用正確的話，很快那人就會突然朝你的方向掃上一眼。有時候，這一眼似乎是無意的，就好像他突發奇想看了你一眼似的，但是多數情況是，他的眼光突然很犀利地直指你，彷彿他聽到了心靈的召喚似的。聽從召喚的人，當他轉身朝向你的方向，眼睛遇上你充滿磁性的注視時，通常表現出很尷尬、局促不安的樣子。

練習四：

當你和某人談話，那人卻似乎在猶豫著不知該說什麼時，用你的雙眼銳利地看著他，用你的眼神暗示他講出你希望聽到的詞。多數情況下，他會馬上講出那個詞。但是你暗示的詞必須符合當時的情境，否則，他的消極意識會猶豫到底用不用這個詞，而後他的積極意識就能適時地插進來干預並換上另一個詞。有些人在和公眾人物或演講者談話時做過這個試驗，而且在他們的試驗中列舉了很多有意思的例子。

我記得讀過一本從德語翻譯過來的書。書裡講述了一個注意力和影響力很強的年輕人的故事。他是一流學校的學生，但他對體育的興趣遠遠大於對學習的興趣。冒著學習落後的危險，他將心思投入到體育上。偶然地，他發現自己具有這種神奇的能力。接著，他想出一套學習計畫，每一門課他都只記憶少數知識點。當教授提問測試時，他總能向教授發送強烈的大腦波動，期望教授能提問他記住的知識點。結果每次，每堂課他都順利通過。然而，這本書接著說這個計畫是失敗的，因為在正式考試中，考題是學校統一編寫的，而且是書面考試，他無法再將意志力的影響發揮出來。

練習五：

一個很有意思的試驗是用你的意志力影響某人朝某個方向移動。當你上街時，走在某人背後，你可以嘗試這個試驗，像前面教你的那樣，緊盯著你前面那個人。當他快要和迎面走過來的另一個人擦肩而過時，用你的意志力命令他向左或右轉，同樣地，在你和某個人面對面走過時，你也可以嘗試這個試驗。你就只管往前走，既不向左轉也不向右轉，而是一直盯著你的目標人物，用你的意志力命令他按你的意願向左轉或向右轉。

練習六：

站在窗前，將目光投到向迎面走過來的人，同時用你的意志力命令他，在他走過你面前時要他抬頭向你的方向看。很有可能你會發現，他遵從了你的命令，只要你的注意力足夠強烈。即使沒有做過注意力練習，你也能夠影響過路人，使你相信自己具有這種能力。如果你站在一樓的窗前往外看，而不是二樓、三樓或更高的地方，效果會更好。樓層越低，得到的結果越讓人滿意。這個試驗也可以變成是：你自己是過路人，而對方坐在你經過的窗子前或是其他地方。當你做這些練習時，你會發現這很有意思，你自己也能發明在不同情境下練習和測試你的影響力的試驗。

這些試驗對增加你自身的這種能力的信心，並掌握向外發送大腦波動的訣竅很有效。當然這些小試驗其實並不重要，除了作為練習，也不值得用來展示這種能力。這種影響力不應該被用於娛樂他人。誰也不能將這種強大的能力視為兒戲，也不能為滿足粗俗的好奇心而展示這種能力。真正懂得精神控制規律的人是不會向人炫耀他的本事的。

第26章 神奇的心靈感應

我不打算佔用你寶貴的時間費盡口舌向你證明心靈感應的存在。心理學已經邁過了這一步，不僅學過心理學的人懂得心靈感應，就連普通大眾都對此有所瞭解，並逐漸普遍地把它當作一個既定的事實接受。就像他們相信X射線和無線電波的存在一樣。事實上，可以說大家一直都相信思想轉移的存在，並以此娛樂自己，而最近的心靈感應試驗也證實了他們的想法。因此，此章的目的不在於向你證實心靈感應或思想轉移這個既定的事實，而是要告訴你如何應用這個能力為你服務。

一切思想，無論是自發的還是無意的，都會產生思想波動或是振動，並向宇宙發送該波動或振動。而別人接收到你的波動，或多或少都會受到一些影響。

如果透過直線路徑向別人發送波動的話，就能吸引他人對你的興趣。這相比其他非直線的波動方式，就像發射一顆步槍子彈一樣。相比於一整箱芥子種籽的威力，步槍的子彈威力要遠遠高於後者，因為它能直擊目標。

很多精神科學方面的專家在心靈感應方面十分精通，而且他們取得的成果換用在別人身上就不一定有效了。他們透過成年累月的研究和試驗，創造了不同於普通百姓的生活。我猜想，只有極少數讀者願意承受要達到這種成就的昂貴代價吧！

確實，這種能力不易獲得，否則的話，很多人都能掌握並用於做惡了。我相信，有些人擁有這種神奇的能力，並且見識過很多次思想轉移的表演。但是，我對這些朋友承諾了為他們保守祕密，不得對外洩漏。出於對這方面的考量，我很猶豫是否應該宣傳這種能力，因為這種能力可能會被不法之徒用於危害他人。甚至，這種能力已經被洩漏並被濫用了。有人可能對這種能力認識不夠，被前幾條準則所困惑了，而不願繼續研究這種能力，通常可能是他們取得的結果讓他們大吃一驚。

然而，出版這本書的目的並不是為了讓讀者掌握這種神奇的能力，而僅僅是為了讓讀者透過意志力的練習，知曉一些個人影響的規則。簡而言之，就是個人吸引力。所以，我不打算講述這種能力的精通者，透過個人意志創造奇蹟的傑出例子。接下來我將告訴你第一條規則和心靈感應的練習，這些都是你在日常生活中能夠應用得到的。我只想教你如何隔著幾百公里的距離吸引你的目標。如果你想在這方面繼續深究的話，你可以購買相關的書籍去閱讀，你也可以做實驗，但我要提醒你的是，要達到更高層次不是一件容易的事。如果你掌握了理論知識，你所需要的就是不斷地練習以達到完善了。

在前面我已經提到，一切思想都會產生振動，就像扔一塊石頭到池子裡會產生水波一樣。這些振動向四面八方擴散，對所有人都會產生影響。然而，如果你沿著水面飛擲石頭的話，就只會在石頭經過的水面上產生水波。這就好比心靈感應的波動和普通思想的振動的區別。

例如，假設你對某人非常有興趣，極其渴望對方也能回應你的話，你可以透過不斷的想像和強烈的渴望吸引他。如果你對思想科學有所瞭解的話，你可能想像他也同樣對你很感興趣，透過這種假想，你自然就會從四面八方向他發送強烈的思想振動，而有些振動將可能被他接收，或多或少對其產生影響，這取決於你的想法有多強烈。但他接收到的振動最多也不會超過其他人。但是，如果你能調整好你的心靈感應器，以直線方式傳輸強烈的振動波，讓它直達目標的話，他就能接收到更多更清晰的振動，振動的影響也就可能更大。

為了取得最好的效果，你應當多練習本書中所提示的注意力練習。雖然即便沒有這些知識和練習，你也能達到目的，但是有了它們，你將達到十倍的效果。假設你已經掌握了注意力的知識，並做過那些練習，那麼，為了達到預期的效果，你應該照著以下的方法去做：

如果你即將和某人進行面試，你希望他能對你的工作或職業產生興趣。或許他是個陌生人，或是毫無來往的人，而他對你絲毫不感興趣。你知道透過前面提到的方法你能夠吸引他，但是如果可能的話，你希望你能在面試前就和他進行過直接的交流，並透過遠距離和他建立良好的關係。如果你覺得這樣你面試成功的機率就大大增加的話，那就對了。因為，一旦你能和他建立起良好的關係，那將對你非常有利，因為，這樣一來，那人將情不自禁地對你產生興趣，或許還可能遠遠超出你的期待。

在這種情況下，你最好是先透過心靈振動和對方建立良好關係。首先要做的是，將自己置身於安靜之處，或是平躺，或是坐在椅子上。放鬆自己，全身肌肉都放鬆，並且忘記你的身體，直到你感覺自己輕如鴻毛，似乎已經超脫了你的身體。平靜下來，拋棄一切雜念，什麼也不要想。最重要的是，拋棄讓你分心的恐懼心理。集中注意力，你就能很容易地做到。

做到這些之後，聚精會神地、平靜地想著對方。不要握緊拳頭或皺眉，而要保持放鬆，冷靜、持續地想著對方。閉上眼睛，在腦海中想像對方的模樣，效果會更好。如果你從未見過此人，那就在腦海中假想他的身體輪廓。這樣試上幾次後，你就會感覺這個人對你越來越熟悉。做到這一步後，就在腦中默想你對他的期望，並想像他會照你的意願去做。但是你必須在腦子裡不斷想像他的模樣。因為這樣能使你和你想像中的他更好地聯繫起來，因為你的想像只能產生微弱的思想波動，這些微弱的思想波動會向四面八方呈環形擴散，但是更多的波動會朝你的目標擴散。這樣之後，直接的交流就產生了。透過練習和試驗，你將取得更好的效果。

當你產生出彷彿透過大約一英尺直徑的管道看到對面的他，你在管道這頭，而他在那頭這種想像的時候，就說明你已經取得最佳的成果了。集中注意力去想像，你就能獲得這種幻想。這就意味著你和他已經建立起良好的關係，意味著你成功阻止了一切外來干擾，和他建立起心靈上的溝通。當你達到這一步後，你就可以放心的說你正在給他很深的印象，除非這個人也懂得精神控制規則，能察覺到你正朝他發送思想振動，這樣的話，他就會採取積極的精神對抗。此時那人的反應越消極，你取得的效果越佳。練習能鍛鍊這種能力，你能更清晰地形成對管道的印象，並在腦海中形成更清晰的對方形象。

要做到這一步，你需要一些練習，但有些人可以根本不練習就能做到。首先，你必須全身心地放鬆，沒有雜念。然後你就能看到管道。剛開始這種想像會很模糊，你只能看到一塊環形的陰影。慢慢地，管道會越來越清晰，你將能看到管道的另一頭，然後管道會不斷延長、延長，以致你能清楚地看到它的全長。經過多次試驗後你將取得這種成果，而且只有透過多次練習你才能達到。這說明你掌握住了在腦海中構思對方模樣的「竅門」。即使你不能達到管道效果，你也能構思出對方的模樣，但是只有能達到這種效果時你才能算取得了最好的成果。

現在，我可以告訴你了，你應當培養積極的精神反應，因為這有助於你取得更好的效果，而且能對抗別人的影響力。如果你感應到外界的影響力，你只需要喚醒「自我」意識，這種意識就會立刻給予你精神的力量，將你保護起來，不受他人影響。認可並讚賞更高層的自我，你就能將自己環繞在思想的光環裡，除非你的大腦自發接受外界的影響，否則外界將無法影響到你。直到你完全形成自我的意識後，你只需要偶爾想想，向自己大聲宣稱肯定自我和真正的自己的思想概念的存在，精神上的你的形象就會在思想光環的環繞下，轉移從別人那接收到的振動，自己創造一個光環阻擋他人的振動影響，最後更自發形成一個更大的光環。

只要你堅信自我，這個光環就會一直存在，而且它會擔當起抗衡外界振動影響的工作。你應當練習如何在內心形成圖像，因為這對你非常有用。如果你感覺需要獨處，獨自思考一些問題，不希望受別人意見左右的話，你就坐下來，像上文所說的那樣拒絕接收他人的振動，你將會發現此時你的思想是如何清淨。

當一個人變動住處後，他對於宗教，政治、種族等的觀點都會發生改變以適應新環境。這種改變可以說是他的新鄰居們的思想振動共同作用的結果。我舉一個小小的例子，你就可能依此想起更多類似的現象。某種流行的思想的振動可能波及一個國家中的每個人，然後銷聲匿跡，正如它突然的興起一樣。原本安分守己的良民也可能突然轉變成暴民。每個人的思想和看法，在一定程度上都是由他所接收到的思想振動形成的。當你瞭解如何對抗這些外來的影響力，並且因此保證你全憑自己的理性思考判斷和直覺行事時，你將感到欣喜不已。

不要低估這種能力，因為或許有一天，這將使你得到極大的益處。有時候，清醒的思考對我們來說至關重要。當你進行某事時，可能會面臨巨大的壓力，讓你不知如何是好。這時，你就需要最理性的思考，最好的辦法是將自己環繞在思想的光環裡，安全地待在你精神的城堡中，自己去決定怎麼做。很多聰明的決策都是這麼想出來的。但是無論如何，你必須先掌握這種能力。

假定你遵從了這些關於透過心靈感應的影響與他人建立直接精神溝通的指示，那麼當你後來出現在你的目標面前時，你將發現他似乎對你興趣大增。他可能表現得彷彿跟你已經是相識已久，於是你就會覺得和他相處變得更加自在。我並不是說他一定會照你的意願行事（你還沒達到這一步），但是他將突然表現得很高興見到你。事情可能比你所期待的還要順利。當然，不斷練習心靈感應振動所取得的效果會越好。

如果你認真學習前面的課程，你將會發現很多一般人錯過的東西，你將讀懂字裡行間的深意。如果你能的話，請再回頭重讀這本書一次，每當你多讀一次，我所說的話對你而言就將變得更簡單易懂一些，每一次你都會有新的感受和體會，而一般囫圇吞棗的讀者將無法真正領略到它的要旨和內涵，結果他們將無法掌握這門知識，而只能略懂皮毛，覺得這些講解和練習都很不清楚。這我早就料到了。每個人追求不同，收穫也就不同。有的人可能得到曝露在地表外的煤炭，有的人卻可能得到地層下的鑽石，但煤炭和鑽石實際上都是由相同的元素組成的。「有追求才能實現目標」。

第27章 集中精力練習

集中精力所必備的第一條件是具有免受外界思想、聲音或事物影響的能力，進而獲得克服疏忽大意的能力，以及能夠完全控制身心的能力。身體必須受大腦的直接控制，而大腦又受意志力的直接控制。意志力要足夠強大，因為大腦必須要在意志力的直接影響下才能得到增強。大腦經過意志力的刺激而增強後，就能變成思想振動更強大的投射器。

在這些訓練中，我將以訓練身體樂意去接受大腦的命令開始。第一個訓練，意即一個在接下來的訓練之前必須要被掌握的訓練，是控制肌肉的運動。

乍看之下，這項訓練可能顯得很簡單，但是經過幾次體驗後你就會覺得並非那麼一回事了。以下的訓練將幫助你獲得對肌肉的控制能力。

1.靜坐：這不是一件容易的事。它將在一開始就要求你盡你最大的思想集中能力去克制無意識的肌肉運動，但是藉由幾次的練習後你就可以達到靜坐且沒有一點肌肉運動的地步，並且可以維持十五分鐘甚至更久的時間。最好的方法是使你自己坐在一張舒適的椅子裡，以舒適的姿勢坐著，然後全身心的放鬆，同時努力去保持絕對的靜止約五分鐘。堅持這項訓練直到你能很容易地做到它，然後把時間增加到十分鐘。當你能夠很輕易地維持十分鐘後，你就能把時間增加到十五分鐘了，這種訓練就是你需要去追求的。

你不應該讓這訓練使自己疲憊，當然也不能因為我們其他任何一項訓練使自己疲憊。最好的方法是每次訓練一會兒，但是要經常進行。記住不要坐得太緊張，一定不要向肌肉施加任何壓力，你必須全身心都處於放鬆的狀態中。當你經過疲累的體力勞動後想得到品質很好的休息時，這個放鬆的方法將對你很有用。這是一種理想的「完全休息」的休息方法，你也可以坐在椅子裡或躺在沙發裡或床上來進行此項訓練。

2.筆直地坐在椅子裡，抬頭、下巴往上抬、肩往後縮：抬起右臂與肩平行，指向右側。然後轉頭看著手，保持手臂的動作一分鐘。左右臂交替進行。當你能夠完美的做到這樣後，把時間增加到兩分鐘，然後三分種，不斷增加時間直到你能夠保持這個姿勢五分鐘。手掌應該朝下，這是最容易的姿勢。透過保持眼睛緊盯住指尖的動作，你將能夠看到你是否讓你的手臂保持相對的穩定。

3.用水裝滿一個寶特瓶子，然後讓手指夾住此瓶，伸直右臂到前方：眼睛緊盯著這瓶子，同時盡量保持手臂穩定而不產生明顯的顫動。從一分鐘的訓練開始，然後增加到五分鐘。同樣左右手臂交替進行。

4.在日常生活中，在休息時，應盡量避免肌肉緊張、過度疲勞的狀況：努力去獲得一個鎮定自若的行為和態度，並且養成一個悠閒、屬於自己的風格，避免任何緊張、過度疲勞和過度憂愁的表現。精神訓練將幫助你獲得正確的姿態和行為。不要敲打在桌子或椅子上的「魔鬼的紋身」。這種行動顯示你缺乏自我控制。不要用你的腳在樓梯上踢打，也不要在你談話或坐著的時候前後搖擺你的腳；不要坐在搖擺椅上前後晃盪；當你在閱讀、學習或寫作的時候，也不要咬你的手指、咀嚼你的嘴唇或臉頰；不要在你的嘴裡轉動你的舌頭；不要不停地眨眼。你必須擺脫所有顫動身體任何部位的習慣，即使那些習慣可能已成為了你的第二天性。你可以透過不斷訓練思想集中的方式輕易地停止這些習慣。訓練你自己在面對讓你感覺難受的事物時保持鎮定和沉著，例如突然關門的巨響、一本書或其他東西突然掉落地上的聲音等等。換句話說，就是要你控制好自己。上面的訓練將對你達到這種目標很有幫助。

以上的練習只是教你控制無意識的肌肉運動和讓身體處於意識功能的控制之下的辦法。

以下的練習將使你有意識的肌肉運動處於意識的直接控制下，換句話說，就是訓練精神器官產生有意識的肌肉運動。

1.坐在桌前，將右手放在桌子上，拳頭反握，然後將手背放在桌上，拇指放在其他手指上。眼睛盯著拳頭看一會兒，然後慢慢地移開眼睛。然後倒過來，握拳，越握越緊，直到拳頭恢復原來的樣子，拇指放在其他手指上。然後用左手重複這個練習。繼續這個練習五分鐘，然後再增加到十分鐘。

這個練習會使你疲勞，但你必須堅持。因為它在將你的注意力轉向乏味而繁瑣的運動，從而在訓練你的注意力方面非常重要。此外，它能幫助你直接控制你的肌肉運動。很快你就會從這些簡單而看起來不重要的練習中獲益。不要將你的注意力離開拳頭的伸縮動作，那是不容忽視的關鍵。如果你忽視了，那你就得不到練習的益處了。

2. 這個練習很老套，鄉下的小孩們經常玩，叫作「旋轉拇指」。固定一隻手的其他指頭，只讓拇指活動，然後慢慢旋轉拇指讓它繞圈。不過一定要盯著指尖的動作。

3. 將右手放在膝上，指頭併攏，除了第一根手指指向自己的位置外。然後慢慢地將手指從一端移到另一端，眼睛一直盯著指尖。

這些練習可以讓你增加練習訓練的靈活性。關鍵點是練習必須由幾個瑣碎、熟悉和單調的動作組成，而且注意力必須集中在移動的部位。你的注意力會反抗你對它的控制力，並盡可能擺脫控制。這就是訓練要克服的地方，你不能轉移注意力，從頭至尾，不要轉移到更有趣的風景或事物上去。把自己想像成一位嚴格的教師，而你的注意力是一個厭煩看書，總是走神去看窗外或門後更有吸引力的風景的頑皮小孩。你的工作就是讓小孩將注意力始終放在書上，你知道這是為了他好，雖然他暫時無法理解。而後不久以後，你就能注意到，你能更好地控制你的肌肉運動、姿態和行為了。同時你會看到你的注意力的能力增長了，也更能將注意力集中到日常瑣事上，這將對你非常有好處。

這一課的練習是要幫助你將注意力集中到某一與你無關的具體目標上。選擇一個你不喜歡的目標，例如一枝鉛筆，將全部注意力放在它身上達五分鐘，專心地看著它，然後把它翻過來，思考它，想想它的用途、它的書寫對象、它的組成物、生產過程等等。不要想別的與鉛筆無關的東西。想像你人生的目標就是研究這枝鉛筆；想像這世界除了你和鉛筆外什麼也沒有。「這個世界上僅有兩個物體，就是鉛筆和我。」在練習過程中，不要讓你的注意力離開那枝鉛筆，一刻也不允許。練習中，你會意識到你的注意力有多麼叛逆，但絕對不要讓它反過來佔了上風，這對它來說可能很無聊，但這是為了它好，所以你要堅持。當你制服了你反叛的注意力，你將獲得你現在所想像不到的勝利。今後，每當你需要集中精力在某事上時，你會感謝我讓你堅持進行完這些練習。

你可以根據情況變動這些練習，選擇你不感興趣而很熟悉的對象將注意力集中在上面。不要選擇你感興趣的事物，因為這不需要集中精力。你需要的是能讓你的注意力進行工作的事物。這個目標越是無趣，工作量就越大，練習也就越多。這個練習的問題是你很快就得放棄該練習。因為不斷將注意力集中到某一事物上後，最終會導致你的注意力出於自衛而對該事物產生出興趣。然而，這樣的話你就沒必要繼續這個練習了，因為此時你已能將注意力集中到任何事物或人身上。

以上的練習對你來說已經足夠了，你可以根據條件靈活地改變練習對象。你可以選擇日常生活中發生的事作為對象來進行練習。既然你已經掌握了要旨，你就不會因為練習對象的改變而感到茫然。

只要你懂得集中注意力所能得到的益處，你將能夠更正確理解原理，並根據暗示發射思想振動。眼睛練習將步入一個新階段，心靈感應振動等等亦同。你將能夠克服不好的習慣，取而代之的是好習慣。簡而言之，藉由習得集中注意力的辦法，每當你做一件事，你就可以比以前做得更好。你將能夠對你的身體和心理進行全面的控制，你會發現你已經成為你習慣的控制者而非奴隸。用控制自己的能力來控制別人也是有效的。

第28章 最後的忠告

我覺得跟隨我從前面一直讀到這裡的讀者，一定發現了這個過程中所包含的對真理的主觀保證。在一部這麼多內容和章節的書裡，除了指引思想外，我還可以做得更多，我可以給他們真理的提示，讓他們瞭解一些練習，並有意識地進行訓練，從而發展潛在的能力。再多說就超出了這本書的內容了，因為這本書的目的是要提供普遍性的練習，與日常生活中個人吸引力和精神影響作用方面的指導。一般讀者僅滿足於對這個主題實用方面的應用，而不會更深一步去瞭解其神祕的部分。極少數人會想更深一步地去瞭解，如果他們想瞭解面紗後的真相，我將很樂意向他們提供更多的資源。

在此，我並不打算繼續深入講述這個主題，只想說，依我的看法，靈活理解大腦科學的規律能使人振奮；把握生活和自己的行為則讓人意識到個人的個性、力量、內在真實的自己，「自我」和認識現實的能力。自我意識帶來的是一種新的責任和行為表現的方式。

「新思想」的學生感覺自己被很多文學作品所環繞，但很多都是虛假無意義的泡沫，只有少數真文學的麥子被穀殼圍繞著。想要瞭解更多，可透過書本卻只能得到文字，而沒有什麼新思想。這方面的著作真正值得閱讀的很少。此外，學生也不知道該如何應用書裡的知識。很多人渴望有這方面淺顯易懂而非千篇一律的著作，總有一天這方面的著作一定會出現的。

對這些學生，我要說，不要被什麼「主義」或領導人所迷惑，真相就在你內心，它會在恰當的時間向你證明自己，就像花兒總會開放，你對自我的認識終會得到回報，小小的火焰將發出光照亮一切的。

真摯而冷靜地探索你的人生之道。要掌握時間但不要過於急促。匆忙和吵鬧都是無益的。冷靜、認真、堅持不懈的人總能比與之相反性情的人更早達到目標。自信、充滿期望和冷靜的命令能夠產生三倍大的強大動力，只要人能夠意識到，就能解決很多問題。智者懂得應用這種強大的動力，而愚者卻忽視它。「你扔掉的石頭可能就是高樓大廈的奠基石。」

☙朋友，走你自己的路吧！下定決心，增強你新發現的力量。首先你要對自己負責，其次要對他人負責。要認識到人間的友愛，意識到所有人都是你的兄弟。

不要將你的影響施加給你的兄弟，也不要讓他的影響力施加到你身上。如果你不顧自己的判斷和意識屈服於他，那你不僅傷害了自己，也傷害了他。不要相互廝殺，但也不要讓任何人因傷害你不會受到懲罰而重擊你。如果有人在你臉上打了一拳，不要傻到把另一邊臉也伸過去，而是要重重地還他一拳，但心裡不要帶著絲毫怨恨，也不要在他已經悔恨了之後還在猶豫是否要原諒他。

但是不要讓憎恨在你的心中找到棲息地，帶著「對上帝的感恩之心和一根善良而有力的棍棒」走遍世界。不要用這棍棒冒犯別人，而要將其用於自衛。如果你是「正當事業的裝甲上的一片金屬」，全世界都會看到你擁有自尊不胡作非為的樣子，因此對你尊敬不已。擁有自信、冷靜的狗絲毫不擔心會遭到路人的腳踢，而膽小地將自己蜷縮起來，夾著尾巴走的狗反而成了被踢的目標。牠得到了牠料想的。做人也是這個道理。如果你聽從此書的建議和指導，你就不會遭到腳踢，要記住，沒有人會踢你，但是你必須聽從此書的建議。

一位老作家用以下的話總結了人的職責，這些話應該被當成至理名言，貼在美加每戶的門前：

不要誹謗別人，給每個人應有的待遇。

如果上面的話能夠成為生活和行動的準則，這個世界將不再需要律師、法庭和監獄。生命將看起來是一首「長而甜美的歌」。要盡自己的職責去實現這個目標。我再一次提醒你不要去亂用你新發現的能力，不要將精神的天才拖到泥濘裡去。

現在，我的朋友，我們該說再見了。我們還會再見面的，但是，如果沒機會的話，讓我們在分離之時，感覺並沒有因短時的相識而受害。如果我對你有一點幫助的話，如果你喚醒了你的新思想、希望和期待的話，希望你能用行動和結果證明它們。

後記

我有過一個計畫，想要把討厭的感覺、不愉快的狀態從心裡驅逐出去。事實上，一個更加行之有效的辦法是努力去培養與你想根除的情緒恰恰相反的情緒。

我們通常容易把自身當作是情緒和感覺的產物，誤以為這些感覺和情緒就是「我們」。但這偏偏與真相相距甚遠。不可否認地，我們當中有相當一部分的人淪為了自身情緒和感覺的奴隸，任由其擺布。他們相信人是由感覺來操控的，人根本不可能擺脫感覺，於是他們停止了對感覺的反抗。

儘管他們可能也明白感情和精神特質正在虎視眈眈地想傷害他們，他們卻依舊心甘情願地向情緒俯首稱臣，以至於遭到不幸和挫敗，與幸福和成功絕緣。即使是這樣，他們也總是為自己找到藉口，總會說這是命中注定的，聽天由命吧！

只要我們對舊腦細胞棄而不用，它們便會自動地衰敗滅亡。只要願意，人們是可以顛覆自我、徹底改變自己的內在屬性的。這絕非紙上談兵的空頭理論，而是證據確鑿的事實。這個理論已得到成千上萬的人的驗證，而且受到人們越來越多的關注。

不管我們接受的是何種思想理論，毋庸置疑的是，在我們活著的時候，大腦是我們思想的工具和載體。這是我們對大腦的認識。大腦就像是一種奇妙的樂器，用其數百萬的按鍵奏出不計其數的動人音符。

我們降臨到這個世界，帶著各自不同的喜好、性情和癖性，我們可以將其歸因於遺傳因素，或者可以解釋為這些都是先於肉體存在的靈魂中固有的東西，肉體誕生以後，性情癖性便隨靈魂而至。

相較而言，大腦中的某些鍵可以更敏感地回應我們的觸擊。微風輕拂過琴弦，一些音符即刻彈跳而出，而其他的一些音符則難被奏響。但如果我們內心強行克制，不讓心中那些敏感的琴弦輕易振動發音，那麼這些琴弦將變得越來越遲鈍，不再隨風而鳴。

另一方面，要是我們願意將注意力轉移到之前甚至連一個音符都發不清楚的琴弦上，我們會立刻將它們井然有序地重新排列整頓。如獲新生的琴弦即刻便能發出清脆悅耳的聲音，這些音符響徹雲霄，頓時會令其他的音符黯然失色。

大腦中有數百萬閒置著的細胞亟待我們去開發和利用。我們所啟用的只是很小很小一部分的腦細胞，其中有一些由於被過度使用而死亡。我們何不讓這些使用著的細胞稍事歇息，而啟用那些閒置的細胞呢？

對於那些不瞭解真實情況的人來說，大腦可以被訓練和培養的潛力是難以置信的。我們可以按照自己的意願人為地取捨、薰陶和改造精神狀態。人們為什麼會亂發脾氣和隨心所欲地發洩不良情緒？答案就在自己手裡。

我們重複的思想、感覺和行為等會形成慣性。我們每個人自出生以來就有某一方面的傾向，也可能受他人影響養成某些偏好。比如我們周邊的例子、書上的啟發、老師的忠告等。我們有一籮筐的思想習慣，每當沉溺於不快的想法或習慣時，我們便會輕易地隨著慣性重複這種不愉快的行徑。

精神科學家的習慣是把稱心如意的想法或思想態度稱之為「積極」，把令人不快的想法稱之為「消極」。這不難理解。大腦會本能地為持有者辨別事物的好壞，而且會為美好的思想掃清道路，最大限度地遮蔽障礙，令其一路暢通，如入無人之地。

積極的思想與消極的思想所受的待遇不可同日而語。一個積極的想法可以以一敵三，消除諸多消極的想法。戰勝討厭的或消極的想法和感覺，其不二法門是釀造積極的想法。積極的思想猶如無敵的參天大樹，它會不斷地汲取消極思想賴以生存、不可或缺的養分，最終令其枯竭死亡。

當然，消極思想可能一開始就佔據強勢地位，畢竟這是決定其生死的較量。但只要給予積極思想生存發展的空間，那麼消極思想就如一句歷久不衰的諺語所說的那樣，「死亡在望」了。起初，消極思想總是給人設置障礙，令人不快，當我們調整好心態輕裝上陣並決定將其斬草除根時，消極思想必將無所遁逃。

與其他任何生命形式一樣，腦細胞不喜歡被閒置在倉庫裡，他們持續不斷地反抗掙扎，尋求出路，直至殫精竭慮，再也無力反抗。我們最好的作法是盡可能少地關注思想的種子，而盡可能多花一些時間去照料心靈花園裡美麗的新生植物，給它們施肥澆水，除草去蟲。

舉個例子，你容易對人產生憎恨情緒，最好的改善方法是在心中培養愛別人的感覺。盡可能地把愛放在心裡，並付諸行動。在心中薰陶善念，碰到熟人也好，素未謀面的陌生人也好，以悲天憫人的善心去對待他們。雖然剛開始時可能不盡理想，但不用擔心，循序漸進地，憎恨最終將是愛心的囊中之物，很快憎恨就會如敗軍之將，消失殆盡。

要是你有抑鬱的傾向，擠出一個笑容，樂觀開懷地看待周遭吧！要堅信天無絕人之路，要堅定信念，努力發掘事物的光明面。當抑鬱的惡魔氣勢洶洶發起進攻時，我們要視若無睹，不予理會，做到處變不驚，一如既往地保持樂觀、愉快的心情，因為我們的座右銘是：「陽光，愉快並且幸福！」，我們一直在努力實現我們的座右銘。

上述這些豪情壯語似乎顯得有些不切實際而且費時耗力，但它們是貨真價實的哲理，能為你所用，助你一臂之力。一旦你領悟了事物的真諦，就會頓悟年輕時所做的宣誓和自我暗示的意義，並且好好利用它們。

這樣的話，懶惰和散漫都會成為過去，你將呈現出精力充沛、積極向上的全新面貌。當然，要獲得這些變化，關鍵是你對心中所希望達成的美好願景進行長期的、有條不紊的、按部就班的實踐。

新思想的擁護者總是不遺餘力地宣揚「堅持信念」。事實也是如此，為達到預期的目標，「堅持信念」是不可或缺的精神。然而，要達成目標，僅僅「堅持信念」顯然還不夠。你必須不斷地用行動驗證你的信念，直至使其成為與你融為一體的固定習慣。

所以，用行動驗證腦中的一些想法，行動再把效果回饋給大腦，這可以幫助與這個行動親密相關的一部分大腦進一步發展成熟。有如規模經濟，每一次大腦新添了一個想法，想法變為實際行動的可能性，就會更大得以實踐的行動相對增加，而大腦也就更容易得到一個回饋資訊了。你會發現一個想法可以帶來雙重的作用，行動和回饋。

如果你想摒棄思想上的某些缺陷，這個方法同樣行之有效。怎麼做呢？首先要開始培養與缺陷相反的特質。先把它從大腦中整理出來並付諸實施。看看你自身有了多大的變化。當遭遇挫折時不要灰心喪氣，要大聲高歌：「我行！我會！」然後認真地繼續努力。要獲取成功，重要的砝碼是持續保持輕鬆快樂和興致勃勃的熱情。

能做到這一點，其他問題也就能迎刃而解了。

附錄 吸收思想的六個自我練習

1.找一個安靜安全的地方，盡量遠離喧鬧的凡世。如果沒有理想的環境，你必須滿足於能夠得到的最好的環境。辦法是不要分心，使自己獨處。

2.躺在沙發、床或是躺椅上，讓自己處於絕對放鬆舒適的狀態。全身心地放鬆，舒展緊張的神經，讓自己從頭到腳變得輕飄飄的。慢慢地深呼吸，吸進一口氣後，屏住呼吸，幾秒後再呼出，而後持續進行深呼吸，直到你平靜下來為止。

3.將大腦的注意力都集中到自己身上，不去想外界的事物。集中注意力的練習能幫助你做到這一點。

4.當身心都處於放鬆狀態後，將精力冷靜而堅定地集中到「無畏」一詞上，讓它自外往內慢慢滲透到你的大腦中。集中精力想這個詞，想它的意思，想能做到這樣的人的性格等等。

5.在心裡想像自己擁有理想的品質，在大腦中將它構造出來，就像做夢一樣。

想像擁有理想思考習慣的自己為了得到利益而做某件事。簡而言之，就是為了獲得理想的思考習慣將自己沉浸在「白日夢」中。給你的想像全部的自由，只要求它堅持向你展示夢境中的場景和情況。在這個夢結束時，要帶著「自我」的強烈印象和思想。

6. 經常練習這些練習。這就像往火爐裡添柴一樣，不斷重複的思想扎根了，就會迅速發展。睡了一晚早起時，或是夜晚睡不著時，你都可以練習。這些練習會讓你不再睏倦，相反地還會減少睡意。如果你感覺自己想打瞌睡了，不要堅持，因為你帶入睡夢中的思想會在你睡著時，仍和你同在，並處於活躍狀態。

思想不僅是一種強大的力量，更是確實存在的物質。

每個人都要會的幽默學
NT：280

潛意識的智慧
NT：270

10天打造超強的
成功智慧
NT：280

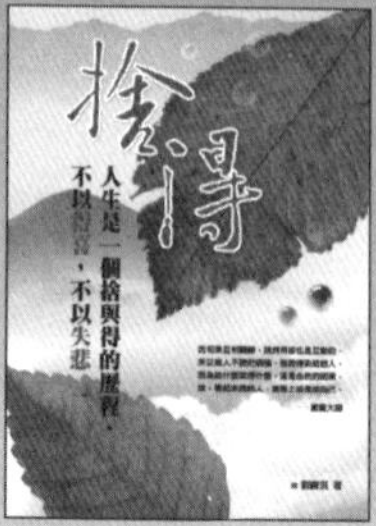

捨得：人生是一個捨與
得的歷程，不以得喜，
不以失悲
NT：250

智慧結晶：一本書就像
一艘人生方舟
NT：260

氣場心理學：10天引爆
人生命運的潛能
NT：260

EQ：用情商的力量構築
一生的幸福
NT：230

華志文化嚴選　必屬佳作

心理勵志小百科好書推薦

全世界都在用的80個
關鍵思維NT：280

學會寬容
NT：280

用幽默化解沉默
NT：280

學會包容
NT：280

引爆潛能
NT：280

學會逆向思考
NT：280

全世界都在用的智慧
定律 NT：300

人生三思
NT：270

陌生開發心理戰
NT：270

人生三談
NT：270

全世界都在學的逆境
智商NT：280

引爆成功的資本
NT：280

國家圖書館出版品預行編目資料

吸引力法則：一個埋藏千年從上帝到不知來源的能量／威廉.沃克.阿特金森作;張亞楠譯. －－初版. －－ 新北市：華志文化, 2014. 08
面；　公分. －－（全方位心理叢書；01）
譯自：Law of attraction
ISBN　978-986-5936-84-6（平裝）

1.吸引力 2.成功法

177　　　　103012010

華志文化事業有限公司
系列／全方位心理叢書001
書名／吸引力法則：一個埋藏千年從上帝到不知來源的能量

作者　威廉·沃克·阿特金森
執行編輯　林雅婷
美術編輯　簡郁庭
封面設計　葉若蒂
文字校對　陳麗鳳
企劃執行　康敏才
總編輯　黃志中
社長　楊凱翔
出版者　華志文化事業有限公司
電子信箱　huachihbook@yahoo.com.tw
地址　116台北市文山區興隆路四段九十六巷三弄六號四樓
電話　02-22341779
印製排版　辰皓國際出版製作有限公司

總經銷商　旭昇圖書有限公司
地址　235新北市中和區中山路二段三五二號二樓
電話　02-22451480
傳真　02-22451479
郵政劃撥　戶名：旭昇圖書有限公司（帳號：12935041）
電子信箱　s1686688@ms31.hinet.net

出版日期　西元二〇一四年八月初版第一刷
售價　一九九元

華志文化

華志文化